Mein Wörterbuch
für die Grundschule

Auf Basis der Ausgabe von

Beate Eckert-Kalthoff

Karl-Heinz Klaas

Ernst Klett Verlag
Stuttgart • Leipzig

Klasse 1/2

Klasse 3/4

Hinweise für Eltern

Der Grundschulwortschatz in diesem Wörterbuch
ist aufgeteilt in zwei Wörterlisten:

- Wörterliste für die Klassen 1/2
- Wörterliste für die Klassen 3/4

Beide Wörterlisten sind alphabetisch aufgebaut,
die Griffleisten am Seitenrand erleichtern das Auffinden
der richtigen Anfangsbuchstaben.

In der Wörterliste für die Klassen 1/2 sind die Wortarten
in unterschiedlichen Farben abgedruckt: Nomen, Verben,
Adjektive, andere Wörter.

In der Wörterliste für die Klassen 3/4 wird durch senk-
rechte Trennstriche (|) dargestellt, wo ein Wort nach
den Rechtschreibregeln getrennt werden kann (diese
unterscheiden sich manchmal von der Sprechsilbe).

Der Einsatz eines Wörterbuches erfolgt in der Regel,
wenn die Kinder das Alphabet kennen.
Das richtige Nachschlagen wird den Kindern auf den
Seiten 6/7 (Klasse 1/2) und 90/91 (Klasse 3/4) vorgestellt.

Mit spielerischen Suchaufgaben können Sie mit Ihrem Kind
den Umgang mit dem Wörterbuch trainieren, z. B.:

- Welcher Buchstabe kommt vor F (J, K, P, W, ...)?
  Welcher Buchstabe kommt danach?

- Auf welcher Seite im ersten Teil beginnt
  der Buchstabe C (G, R, M, T, Y, ...)?
- Welches Wort steht vor dem Wort „Füller"
  („Polizistin", „Uhr", ...)?
- Welches Wort steht nach dem Wort „Igel"
  („Krokodil", „Tiger", ...)?
- Auf welchen Seiten im ersten Teil findest du diese Wörter?
  „sparen", „Sport", „stellen", „Stein"
- Suche ein Wort, das so beginnt: Co (Mü, Spa, ...).
  Achte auch auf den 2. Buchstaben.
- Suche die Wochentage (Monate) und notiere sie
  mit der Seitenzahl.
- Unter welchem Stichwort findest du diese Wörter?
  „Bänke" (bei: „Bank"), „kommt" (bei „kommen"),
  „dünner" (bei „dünn")
- In welcher Reihenfolge stehen diese Wörter in
  der Wörterliste? Achte auch auf den 2. Buchstaben:
  „Keller", „Kranz", „Knochen", „Kamel"
- In welcher Reihenfolge stehen diese Wörter in
  der Wörterliste? Achte auch auf den 3. Buchstaben:
  „Geist", „Gefahr", „Geschirr", „Gesang"

Für Ihr Kind gibt es auf den Seiten 8 bis 15 (Klasse 1/2)
und 92 bis 99 (Klasse 3/4) wichtige Tipps und Hilfen zur
Rechtschreibung.
Weitere Hinweise zum Aufbau der Wörter, zu Wortarten
und Wortfeldern finden sich auf den Seiten 222 bis 224.

So kannst du Wörter nachschlagen

Wenn du wissen willst, wie du ein Wort schreiben musst oder einen Text überarbeiten willst, kannst du in diesem Wörterbuch nachschlagen. Auf den Seiten 16 bis 88 sind alle Wörter nach dem ABC geordnet.

A B C D E	Wenn ich in die Schule geh,
F G H I J	lern ich gern und flott,
K L M N O	bin ich ganz schön froh:
P Q R S T	Ich kann das ABC.
U V W X Y Z	Das find ich richtig nett!

Am Seitenrand sind die Buchstaben untereinander angeordnet. Der Buchstabe, den du auf dieser Seite findest, ist hervorgehoben.

Hier stehen Wörter mit dem Anfangsbuchstaben B oder b. Wenn du das Wort **Bild** suchst, musst du nicht alle Wörter mit B/b lesen. Achte auch auf den zweiten Buchstaben B i ...

be – Bl

A
B
beten, er/sie betet
das Bett, die Betten
sich bewegen, er/sie bewegt sich
bezahlen, er/sie bezahlt
die Biene, die Bienen
das Bild, die Bilder
billig
bin (→ sein)
die Birne, die Birnen
bis
bist (→ sein)
bitten, er/sie bittet
das Blatt, die Blätter
blau
bleiben, er/sie bleibt
der Bleistift, die Bleistifte
blind
blühen, es blüht
die Blume, die Blumen
die Bluse, die Blusen
das Blut

20

Die Buchstaben über der roten Linie zeigen, wie das erste und das letzte Wort auf dieser Seite beginnt.

be – Bl

A
B
C
D
E

beten, er/sie betet
das Bett, die Betten
sich bewegen, er/sie bewegt sich
bezahlen, er/sie bezahlt

Jedes Wort hat eine bestimmte Farbe:
Nomen, Verben, Adjektive, andere Wörter.
Bei Verben siehst du zuerst immer die Grundform
(arbeiten) und bei Nomen die Einzahl (der Arm).
Dahinter sind verwandte Wörter abgedruckt:
- Verben in einer Personalform
  (er/sie arbeitet oder es blüht)
- und Nomen in der Mehrzahl (die Arme).
Auch bei manchen Adjektiven findest du ein verwandtes
Wort (ärmer).

Auf den Seiten 8 bis 15 zeige ich dir ein paar Tricks, mit denen du viele Wörter richtig schreiben kannst.

So kannst du Wörter richtig schreiben

Wörter mitsprechen und Silben schwingen

Die meisten Wörter schreibst du so, wie du sie sprichst.
Damit du keinen Buchstaben vergisst, sprich deutlich
und schwinge die Silben.

Jede Silbe hat einen König (Vokal, Umlaut oder Zwielaut):

am   Eu ro   Ge mü se   Scho ko la de

Steht der König am Ende der ersten Silbe, klingt er
lang und deutlich: Blu me   Au to   ü ber

Hörst du einen langen i-Laut am Ende einer Silbe,
schreibst du meistens **ie**: Wie se   lie ben   sie ben

Steht der König in der Mitte der ersten Silbe, klingt er
kurz und undeutlich: Kis te   Wol ke   fin den

Hörst du nach einem kurzem Vokal nur einen
Konsonanten, musst ihn verdoppeln:
Fül ler   kön nen   al le

Auch ein **r** am Ende einer Silbe kannst du besser hören,
wenn du in Silben sprichst: Bir ne   Gar ten   ar bei ten

Das e in den Wortbausteinen **-en** und **-el** am Ende eines Wortes ist schlecht zu hören.
Kontrolliere, ob in jeder Silbe ein König ist:

Re gen   ru fen | E sel   dun kel

Hörst du am Wortende ein schwaches a, musst du meistens **-er** schreiben: Bru der   Fe der   je der

Manche Buchstaben verbinden sich mit anderen.
Dann hörst du etwas anderes als du schreiben musst.

Ei/ei: das **Ei**s, f**ei**n, r**ei**sen, …
Eu/eu: der **Eu**ro, n**eu**, n**eu**n, …
Sp/sp: der **Sp**ort, **sp**annend, **sp**ielen, …
St/st: der **St**ein, **st**ill, **st**reiten, …
Sch/sch: die **Sch**ule, fri**sch**, **sch**neiden, …
Pf/pf: die **Pf**lanze, der To**pf**, klo**pf**en, …
Qu/qu: die **Qu**elle, der **Qu**atsch, **qu**älen, …
-ng: der Ri**ng**, e**ng**, si**ng**en, …
-nk: die Ba**nk**, kra**nk**, tri**nk**en, …
-ch: die Wo**ch**e, ho**ch**, ma**ch**en, …

Wörter verlängern

In manchen Wörtern kannst du nicht alle Buchstaben und Laute gut hören.
Manche Laute kannst du deutlicher hörbar machen, wenn du die Wörter verlängerst:

ein Be**tt**   viele Be**t ten** | to**ll**   to**l ler**

Diese Buchstaben am Wortende klingen oft gleich:
b – p, d – t, g – k.
So kannst du den richtigen Buchstaben hörbar machen:

ein Sie**b**   viele Sie **be** | lie**b**   lie **ber**

ein Bil**d**   viele Bil **der** | lusti**g**   lus ti **ger**

ein Ta**g**   viele Ta **ge** | wil**d**   wil **der**

Auch **ng** und **nk** klingen am Wortende oft gleich.
Verlängere auch diese Wörter.

eine Ban**k**   viele Bän **ke** | en**g**   en **ge** Straße

kran**k**   kran **ke** Kinder

Bei Wörtern mit einer Silbe kannst du ein **r** nach einem Vokal nicht gut hören. Suche ein verwandtes Wort mit zwei Silben:

ein Arm   viele Ar me

ein Wort   viele Wör ter

schwarz   schwar ze

Bei manchen Verben mit einer Silbe kannst du nicht alle Laute und Buchstaben gut hören. Verlängere, indem du die Grundform bildest:

er ko**mm**t   kom **men** | sie sa**g**t   sa **gen**

er blei**b**t   blei **ben** | er darf   dür fen

Ein lang gesprochenes i am Ende einer Silbe wird meistens ie geschrieben. Prüfe Wörter mit einer Silbe, indem du sie verlängerst:

ein Sp**ie**l   viele Spie le | tief   tie fer

ein Tier   viele Tie re | er l**ie**bt   lie ben

Verwandte Wörter suchen

Manche Laute klingen gleich: **ä – e, äu – eu.**
Wenn es ein verwandtes Wort aus der Wortfamilie
mit **a** oder **au** gibt, schreibst du **ä** oder **äu.**

der B**ä**cker	–	b**a**cken, also ä
h**ä**ngen	–	der H**a**ng, also ä
kr**ä**ftig	–	die Kr**a**ft, also ä
tr**äu**men	–	der Tr**au**m, also äu
l**äu**ten	–	l**au**t, also äu

Bei manchen Verben wird **a** zu **ä** oder **au** zu **äu.**
Prüfe die Grundform:

er l**ä**sst	–	l**a**ssen, also ä
sie f**ä**ngt	–	f**a**ngen, also ä
er l**äu**ft	–	l**au**fen, also äu

Bei manchen Nomen wird
in der Mehrzahl **a** zu **ä** oder
au zu **äu.** Prüfe die Einzahl:

die M**ä**nner	–	der M**a**nn, also ä
die M**äu**se	–	die M**au**s, also äu

*Wenn du kein
verwandtes Wort mit
a oder au findest,
schreibst du meist e oder
eu: Herz, heute.*

Verwandte Wörter haben einen gemeinsamen
Wortstamm. Sie werden ähnlich geschrieben.

schwimmen   sie **schwimm**t, der **Schwimm**er,
                   das **Schwimm**bad, …

schreiben   er **schreib**t, auf**schreib**en,
                   der **Schreib**tisch, das **Schreib**heft, …

fahren   sie **fähr**t, weg**fahr**en,
                   der **Fahr**er, das **Fahr**rad, …

Freund   die **Freund**in, die **Freund**schaft,
                   freundlich, an**freund**en, …

Wasser   der **Wasser**fall, das Ge**wässer**,
                   das Mineral**wasser**, …

gelb   **gelb**lich, das Ei**gelb**,
                   gold**gelb**, …

süß   **süß**lich, die **Süß**igkeit,
                   zucker**süß**, …

Ich liebe süße
Süßigkeiten.

Wörter merken

Manche Wörter musst du dir merken, weil sie eine
Merkstelle haben, die du nicht mit einem der Tricks
überprüfen kannst.

ß: der Fuß, heißen, groß, …
tz: sitzen, die Katze, Satz, …
ck: dick, backen, der Rock, …
C/c: der Cent, der Computer, …
Y/y: das Ypsilon, das Baby, …
X/x: das Xylofon, die Hexe, …
V/v: der Vater, vier, voll, …
Wörter mit den **Wortbausteinen** vor- und ver-
werden mit **V/v** geschrieben: der Vorname, vorsichtig,
das Verbot, vergessen, …
ai: der Hai, der Mai, …
ä ohne verwandtes Wort mit a: das Mädchen, der Bär, …
Wörter mit nicht hörbarem **h**: der Zahn, wohnen,
er geht, ihm, ihr, …

*Suche zu jeder Merkstelle
weitere Wörter.*

Merke dir auch die kleinen Wörter,
die du oft brauchst:
als, durch, im, sie, und, …

Nomen großschreiben

Menschen, Tiere, Dinge und Pflanzen haben Namen.
Das sind Nomen. Sie werden großgeschrieben.
Mädchen, **E**sel, **S**ofa, **R**ose

Nomen haben einen Artikel: der, die, das oder ein, eine.
das Kind, **der** Tiger, **die** Blume
ein Tisch, **eine** Puppe

Nomen gibt es in der Einzahl und in der Mehrzahl.
Der Artikel in der Mehrzahl heißt immer **die**.

der Hund   die Hunde
die Torte   die Torten
das Auto   die Autos
ein Schaf   die Schafe
eine Oma   die Omas

Wenn du unsicher bist,
ob ein Wort ein Nomen ist,
prüfe, ob du einen Artikel
davorsetzen kannst.

*Wiesel oder wiesel?
Das Wiesel, also schreibe
ich es groß.*

15

A a

ab

der Abend, die Abende

abends

aber

der Abfall, die Abfälle

acht

achtzehn

achtzig

der Advent

der Affe, die Affen

alle

allein

alles

als

also

alt, älter

am

die Ameise, die Ameisen

die Ampel, die Ampeln

an

eine **andere,** ein anderer/anderes

der **Anfang,** die Anfänge

anfangen, er/sie fängt an

die **Angst,** die Ängste

der **Anorak,** die Anoraks

anrufen, er/sie ruft an

die **Antwort,** die Antworten

antworten, er/sie antwortet

der **Apfel,** die Äpfel

der **April**

die **Arbeit,** die Arbeiten

arbeiten, er/sie arbeitet

der **Ärger**

sich **ärgern,** er/sie ärgert sich

arm, ärmer

der **Arm,** die Arme

der **Arzt,** die Ärzte

die **Ärztin,** die Ärztinnen

der **Ast,** die Äste

auch

A
B
C
D
E
F
G
H
I
J
K
L
M
N
O
P
Q
R
S
T
U
V
W
X
Y
Z

A
B
C
D
E
F
G
H
I
J
K
L
M
N
O
P
Q
R
S
T
U
V
W
X
Y
Z

auf

die **Aufgabe,** die Aufgaben

aufpassen, er/sie passt auf

das **Auge,** die Augen

der **August**

aus

das **Auto,** die Autos

B b

das **Baby,** die Babys

der **Bach,** die Bäche

backen, er/sie backt/bäckt

der **Bäcker,** die Bäcker

die **Bäckerin,** die Bäckerinnen

das **Bad,** die Bäder

baden, er/sie badet

die **Badewanne,** die Badewannen

der **Bahnhof,** die Bahnhöfe

bald

der **Ball,** die Bälle

die **Banane,** die Bananen

die **Bank,** die Bänke

der **Bär,** die Bären

basteln, er/sie bastelt

der **Bauch,** die Bäuche

bauen, er/sie baut

der **Bauer,** die Bauern

die **Bäuerin,** die Bäuerinnen

der **Bauernhof,** die Bauernhöfe

der **Baum,** die Bäume

bei

beide

das **Bein,** die Beine

beißen, er/sie beißt

bekommen, er/sie bekommt

bellen, er/sie bellt

der **Berg,** die Berge

der **Beruf,** die Berufe

der **Besen,** die Besen

besuchen, er/sie besucht

beten, er/sie betet

das Bett, die Betten

sich bewegen, er/sie bewegt sich

bezahlen, er/sie bezahlt

die Biene, die Bienen

das Bild, die Bilder

billig

bin (→ sein)

die Birne, die Birnen

bis

bist (→ sein)

bitten, er/sie bittet

das Blatt, die Blätter

blau

bleiben, er/sie bleibt

der Bleistift, die Bleistifte

blind

blühen, es blüht

die Blume, die Blumen

die Bluse, die Blusen

das Blut

bluten, er/sie blutet

die Blüte, die Blüten

der Boden, die Böden

das Boot, die Boote

böse

brauchen, er/sie braucht

braun

brechen, er/sie bricht

breit

brennen, es brennt

der Brief, die Briefe

die Brille, die Brillen

bringen, er/sie bringt

das Brot, die Brote

das Brötchen, die Brötchen

der Bruder, die Brüder

der Bub, die Buben

das Buch, die Bücher

bunt

der Busch, die Büsche

die Butter

C c

der **Cent,** die Cent/Cents

der **Christ,** die Christen

die **Christin,** die Christinnen

der **Christbaum,** die Christbäume

das **Christkind**

der **Clown,** die Clowns

der **Comic,** die Comics

der **Computer,** die Computer

der **Cowboy,** die Cowboys

D d

da

dabei

das **Dach,** die Dächer

dafür

damals

die **Dame,** die Damen

damit

danach

danken, er/sie dankt

dann

darin

darum

das

der Daumen, die Daumen

davor

die Decke, die Decken

dein, deine, deiner

der Delfin, die Delfine

dem

den

denken, er/sie denkt

denn

der

des

deshalb

deutsch

Deutschland

A
B
C
D
E
F
G
H
I
J
K
L
M
N
O
P
Q
R
S
T
U
V
W
X
Y
Z

der Dezember

dich

dicht

dick

die

der Dienstag, die Dienstage

diese, dieser, dieses

das Diktat, die Diktate

der Dinosaurier, die Dinosaurier

dir

doch

der Donnerstag, die Donnerstage

das Dorf, die Dörfer

dort

die Dose, die Dosen

der Drachen, die Drachen

draußen

dreckig

drei

dreißig

dreizehn

drücken, er/sie drückt

du

dunkel

dünn

durch

dürfen, er/sie darf

der Durst

durstig

duschen, er/sie duscht

E e

echt

die Ecke, die Ecken

eckig

egal

das Ei, die Eier

der Eimer, die Eimer

ein, eine, einer

einfach

A
B
C
D
E
F
G
H
I
J
K
L
M
N
O
P
Q
R
S
T
U
V
W
X
Y
Z

einkaufen, er/sie kauft ein

einladen, er/sie lädt ein

einmal

eins

einsam

das Eis

die Eisenbahn, die Eisenbahnen

der Elefant, die Elefanten

elf

der Elfmeter, die Elfmeter

die Eltern

das Ende, die Enden

endlich

eng

der Engel, die Engel

entdecken, er/sie entdeckt

die Ente, die Enten

sich entschuldigen, er/sie entschuldigt sich

er

die Erbse, die Erbsen

die Erdbeere, die Erdbeeren

die **Erde**

erfinden, er/sie **erfindet**

erlauben, er/sie **erlaubt**

erst

erste, erster, erstes

erzählen, er/sie **erzählt**

es

der **Esel,** die **Esel**

essen, er/sie **isst**

etwa

etwas

euch

euer, eure

die **Eule,** die **Eulen**

der **Euro,** die **Euros**

Europa

das **Euter,** die **Euter**

F f

die **Fahne,** die Fahnen

fahren, er/sie fährt

das **Fahrrad,** die Fahrräder

die **Fahrt,** die Fahrten

fallen, er/sie fällt

falsch

falten, er/sie faltet

die **Familie,** die Familien

fangen, er/sie fängt

die **Farbe,** die Farben

fast

faul

der **Februar**

die **Feder,** die Federn

die **Fee,** die Feen

fehlen, er/sie fehlt

der **Fehler,** die Fehler

die **Feier,** die Feiern

feiern, er/sie feiert

fein

das Feld, die Felder

das Fenster, die Fenster

die Ferien

fernsehen, er/sie sieht fern

der Fernseher, die Fernseher

fertig

fest

das Fest, die Feste

fett

das Feuer, die Feuer

der Film, die Filme

finden, er/sie findet

der Finger, die Finger

der Fisch, die Fische

flach

die Flasche, die Flaschen

das Fleisch

fleißig

die Fliege, die Fliegen

fliegen, er/sie fliegt

ABCDEF**F**GHIJKLMNOPQRSTUVWXYZ

fließen, es fließt

flitzen, er/sie flitzt

die Flöte, die Flöten

der Flügel, die Flügel

das Flugzeug, die Flugzeuge

der Fluss, die Flüsse

flüssig

fort

das Foto, die Fotos

die Frage, die Fragen

fragen, er/sie fragt

die Frau, die Frauen

frech

frei

der Freitag, die Freitage

fremd

der Fremde, die Fremden

die Fremde, die Fremden

fressen, er/sie frisst

die Freude, die Freuden

sich freuen, er/sie freut sich

der **Freund,** die Freunde

die **Freundin,** die Freundinnen

freundlich

der **Frieden**

frieren, er/sie friert

frisch

fröhlich

der **Frosch,** die Frösche

die **Frucht,** die Früchte

früh

der **Frühling,** die Frühlinge

fühlen, er/sie fühlt

füllen, er/sie füllt

der **Füller,** die Füller

fünf

fünfzehn

fünfzig

für

sich **fürchten,** er/sie fürchtet sich

der **Fuß,** die Füße

der **Fußball,** die Fußbälle

G g

die **Gabel,** die Gabeln

die **Gans,** die Gänse

das **Gänseblümchen,** die Gänseblümchen

ganz

eine **ganze ...,** ein ganzer/ganzes ...

die **Garage,** die Garagen

die **Gardine,** die Gardinen

der **Garten,** die Gärten

geben, er/sie gibt

der **Geburtstag,** die Geburtstage

die **Gefahr,** die Gefahren

gefährlich

geheim

das **Geheimnis,** die Geheimnisse

gehen, er/sie geht

die **Geige,** die Geigen

gelb

das **Geld,** die Gelder

gemein

das Gemüse

genau

gerade

gern

das Geschenk, die Geschenke

die Geschichte, die Geschichten

das Gesicht, die Gesichter

das Gespenst, die Gespenster

gestern

gesund, gesünder

die Gesundheit

gewinnen, er/sie gewinnt

das Gewitter, die Gewitter

giftig

die Giraffe, die Giraffen

die Gitarre, die Gitarren

das Glas, die Gläser

glatt

gleich

die Glocke, die Glocken

das **Glück**

glücklich

der **Gorilla,** die Gorillas

der **Gott,** die Götter

graben, er/sie gräbt

das **Gras,** die Gräser

grau

greifen, er/sie greift

grob, gröber

groß, größer

die **Großmutter,** die Großmütter

der **Großvater,** die Großväter

grün

gucken, er/sie guckt

das **Gummibärchen,** die Gummibärchen

die **Gurke,** die Gurken

der **Gürtel,** die Gürtel

gut

die **Gymnastik**

H h

das **Haar,** die Haare

haben, er/sie hat

der **Hagel**

der **Hahn,** die Hähne

der **Hai,** die Haie

halb

hallo

der **Hals,** die Hälse

halten, er/sie hält

der **Hammer,** die Hämmer

der **Hamster,** die Hamster

die **Hand,** die Hände

der **Handschuh,** die Handschuhe

das **Handy,** die Handys

hängen, es hängt

hart, härter

der **Hase,** die Hasen

hässlich

das **Haus,** die Häuser

A
B
C
D
E
F
G
H
I
J
K
L
M
N
O
P
Q
R
S
T
U
V
W
X
Y
Z

die **Hausaufgabe,** die Hausaufgaben

die **Haut,** die Häute

heben, er/sie hebt

die **Hecke,** die Hecken

das **Heft,** die Hefte

heimlich

heiraten, er/sie heiratet

heiß

heißen, er/sie heißt

helfen, er/sie hilft

hell

der **Helm,** die Helme

das **Hemd,** die Hemden

her

heraus

herbei

der **Herbst,** die Herbste

herein

der **Herr,** die Herren

herrlich

herum

herunter

das **Herz,** die Herzen

herzlich

heute

heulen, er/sie heult

die **Hexe,** die Hexen

hier

die **Hilfe,** die Hilfen

die **Himbeere,** die Himbeeren

der **Himmel**

hin

hinauf

hinaus

hinein

hinter

hinterher

das **Hobby,** die Hobbys

hoch, höher

der **Hof,** die Höfe

hoffen, er/sie hofft

hoffentlich

A
B
C
D
E
F
G
H
I
J
K
L
M
N
O
P
Q
R
S
T
U
V
W
X
Y
Z

holen, er/sie holt

das Holz, die Hölzer

der Honig, die Honige

hören, er/sie hört

der Hort, die Horte

die Hose, die Hosen

das Hotel, die Hotels

hübsch

das Huhn, die Hühner

die Hummel, die Hummeln

der Hund, die Hunde

hundert

der Hunger

hungrig

die Hupe, die Hupen

hüpfen, er/sie hüpft

husten, er/sie hustet

der Hut, die Hüte

I i

ich

die **Idee,** die Ideen

der **Igel,** die Igel

das **Iglu,** die Iglus

ihm

ihn

ihnen

ihr

ihre

im

immer

in

innen

ins

die **Insel,** die Inseln

das **Internet**

sich **irren,** er/sie **irrt** sich

ist (→ sein)

A
B
C
D
E
F
G
H
I
J
K
L
M
N
O
P
Q
R
S
T
U
V
W
X
Y
Z

39

J j

ja

die **Jacke,** die Jacken

jagen, er/sie jagt

der **Jäger,** die Jäger

das **Jahr,** die Jahre

jammern, er/sie jammert

der **Januar**

jede, jeder, jedes

jemand

jetzt

jubeln, er/sie jubelt

jucken, es juckt

das **Judo**

der **Juli**

jung, jünger

der **Junge,** die Jungen

der **Juni**

K k

der **Käfer,** die Käfer

der **Kaffee,** die Kaffees

der **Kaiser,** die Kaiser

der **Kakao,** die Kakaos

der **Kaktus,** die Kakteen

der **Kalender,** die Kalender

kalt, kälter

die **Kälte**

das **Kamel,** die Kamele

der **Kamm,** die Kämme

das **Känguru,** die Kängurus

das **Kaninchen,** die Kaninchen

die **Kanne,** die Kannen

kaputt

die **Karotte,** die Karotten

die **Karte,** die Karten

die **Kartoffel,** die Kartoffeln

das **Karussell,** die Karussells/Karusselle

der **Käse**

A
B
C
D
E
F
G
H
I
J
K
L
M
N
O
P
Q
R
S
T
U
V
W
X
Y
Z

der **Kasper,** die Kasper

die **Kastanie,** die Kastanien

der **Kasten,** die Kästen

die **Katze,** die Katzen

kauen, er/sie kaut

kaufen, er/sie kauft

kaum

kein, keine, keiner

der **Keks,** die Kekse

der **Keller,** die Keller

kennen, er/sie kennt

die **Kerze,** die Kerzen

der **Ketchup,** die Ketchups

kichern, er/sie kichert

das **Kind,** die Kinder

das **Kinderzimmer,** die Kinderzimmer

das **Kino,** die Kinos

die **Kirche,** die Kirchen

die **Kirsche,** die Kirschen

die **Kiste,** die Kisten

kitzeln, er/sie kitzelt

klar

die **Klasse,** die Klassen

der **Klassenraum,** die Klassenräume

klatschen, er/sie klatscht

das **Klavier,** die Klaviere

kleben, er/sie klebt

das **Kleid,** die Kleider

klein

klettern, er/sie klettert

die **Klingel,** die Klingeln

klingeln, er/sie klingelt

das **Klo,** die Klos

klug, klüger

knabbern, er/sie knabbert

kneten, er/sie knetet

das **Knie,** die Knie

der **Knochen,** die Knochen

der **Koch,** die Köche

die **Köchin,** die Köchinnen

kochen, er/sie kocht

der **Koffer,** die Koffer

komisch

kommen, er/sie kommt

der König, die Könige

die Königin, die Königinnen

können, er/sie kann

das Konzert, die Konzerte

der Kopf, die Köpfe

der Korb, die Körbe

der Körper, die Körper

kosten, es kostet

die Kraft, die Kräfte

kräftig

krank, kränker

die Krankheit, die Krankheiten

das Krankenhaus, die Krankenhäuser

der Kranz, die Kränze

kratzen, es kratzt

das Kraut, die Kräuter

die Kreide, die Kreiden

der Kreis, die Kreise

die Kreuzung, die Kreuzungen

das **Krokodil,** die Krokodile

die **Krone,** die Kronen

die **Küche,** die Küchen

der **Kuchen,** die Kuchen

die **Kuh,** die Kühe

kurz, kürzer

kuscheln, er/sie kuschelt

der **Kuss,** die Küsse

küssen, er/sie küsst

L l

lächeln, er/sie lächelt

lachen, er/sie lacht

der **Laden,** die Läden

das **Lama,** die Lamas

das **Lamm,** die Lämmer

die **Lampe,** die Lampen

das **Land,** die Länder

landen, er/sie landet

lang, länger

langsam

lassen, er/sie lässt

die Laterne, die Laternen

das Laub

laufen, er/sie läuft

laut

läuten, es läutet

leben, er/sie lebt

das Leben, die Leben

lebendig

lecken, er/sie leckt

lecker

leer

legen, er/sie legt

der Lehrer, die Lehrer

die Lehrerin, die Lehrerinnen

leicht

leider

leise

die Leiter, die Leitern

der **Lenker,** die Lenker

lernen, er/sie lernt

lesen, er/sie liest

die **Leute**

das **Lexikon,** die Lexika

die **Libelle,** die Libellen

das **Licht,** die Lichter

lieb

lieben, er/sie liebt

das **Lied,** die Lieder

liegen, er/sie liegt

lila

das **Lineal,** die Lineale

links

die **Lippe,** die Lippen

loben, er/sie lobt

das **Loch,** die Löcher

locker

der **Löffel,** die Löffel

logisch

die **Lokomotive,** die Lokomotiven

A
B
C
D
E
F
G
H
I
J
K
L
M
N
O
P
Q
R
S
T
U
V
W
X
Y
Z

los

der **Löwe,** die Löwen

der **Löwenzahn**

die **Luft,** die Lüfte

lügen, er/sie lügt

die **Lupe,** die Lupen

lustig

der **Lutscher,** die Lutscher

M m

machen, er/sie macht

das **Mädchen,** die Mädchen

der **Mai**

der **Mais**

mal

malen, er/sie malt

die **Mama,** die Mamas

man

manchmal

der **Mann,** die Männer

der **Mantel,** die Mäntel

das **Märchen,** die Märchen

der **Marienkäfer,** die Marienkäfer

der **Markt,** die Märkte

die **Marmelade,** die Marmeladen

der **März**

die **Maske,** die Masken

die **Mathematik**

die **Matratze,** die Matratzen

der **Maulwurf,** die Maulwürfe

die **Maus,** die Mäuse

die **Medizin**

das **Meer,** die Meere

das **Meerschweinchen,** die Meerschweinchen

mehr

mein, meine, meiner

meinen, er/sie meint

die **Melone,** die Melonen

der **Mensch,** die Menschen

merken, er/sie merkt

messen, er/sie misst

das Messer, die Messer

der Meter, die Meter

mich

die Milch

minus

die Minute, die Minuten

mir

mit

der Mitschüler, die Mitschüler

die Mitschülerin, die Mitschülerinnen

der Mittag, die Mittage

die Mitte

der Mittwoch, die Mittwoche

mögen, er/sie mag

die Möhre, die Möhren

der Monat, die Monate

der Mond, die Monde

das Monster, die Monster

der Montag, die Montage

das **Moor,** die Moore

der **Morgen,** die Morgen

morgen

morgens

der **Motor,** die Motoren

die **Möwe,** die Möwen

die **Mücke,** die Mücken

müde

der **Müll**

der **Mund,** die Münder

murmeln, er/sie murmelt

die **Muschel,** die Muscheln

das **Museum,** die Museen

die **Musik**

müssen, er/sie muss

mutig

die **Mutter,** die Mütter

die **Mütze,** die Mützen

A
B
C
D
E
F
G
H
I
J
K
L
M
N
O
P
Q
R
S
T
U
V
W
X
Y
Z

N n

nach

der **Nachbar,** die Nachbarn

die **Nachbarin,** die Nachbarinnen

der **Nachmittag,** die Nachmittage

der **Nachname,** die Nachnamen

die **Nacht,** die Nächte

nachts

die **Nadel,** die Nadeln

der **Nagel,** die Nägel

nah, näher

nähen, er/sie näht

die **Nahrung**

der **Name,** die Namen

der **Namenstag,** die Namenstage

nämlich

naschen, er/sie nascht

die **Nase,** die Nasen

das **Nashorn,** die Nashörner

nass

die **Natur**

natürlich

der **Nebel,** die Nebel

neben

neblig

nehmen, er/sie nimmt

neidisch

nein

nennen, er/sie nennt

das **Nest,** die Nester

nett

neu

neun

neunzehn

neunzig

nicht

nichts

nie

niemand

niesen, er/sie niest

der **Nikolaus**

die **Nixe,** die Nixen

noch

normal

die **Not,** die Nöte

der **November**

die **Nudel,** die Nudeln

die **Nummer,** die Nummern

nun

nur

die **Nuss,** die Nüsse

O o

die **Oase,** die Oasen

ob

oben

das **Obst**

obwohl

oder

der **Ofen,** die Öfen

offen

oft

ohne

das **Ohr,** die Ohren

der **Oktober**

die **Oma,** die Omas

der **Onkel,** die Onkel

der **Opa,** die Opas

orange

ordentlich

ordnen, er/sie ordnet

die **Orgel,** die Orgeln

der **Ort,** die Orte

das **Osterei,** die Ostereier

Ostern

P p

das **Paar,** die Paare

packen, er/sie packt

das **Paket,** die Pakete

die **Palme,** die Palmen

der **Papa,** die Papas

der **Papagei,** die Papageien

das **Papier,** die Papiere

der **Park,** die Parks

parken, er/sie parkt

der **Partner,** die Partner

der **Partnerin,** die Partnerinnen

die **Party,** die Partys

passen, es passt

die **Pause,** die Pausen

das **Pech**

das **Pedal,** die Pedale

peinlich

petzen, er/sie petzt

pfeifen, er/sie pfeift

das **Pferd,** die Pferde

Pfingsten

die **Pflanze,** die Pflanzen

pflanzen, er/sie pflanzt

die **Pflaume,** die Pflaumen

pflegen, er/sie pflegt

pflücken, er/sie pflückt

die **Pfote,** die Pfoten

die **Pfütze,** die Pfützen

das **Picknick,** die Picknicke

der **Pilz,** die Pilze

der **Pinguin,** die Pinguine

der **Pinsel,** die Pinsel

die **Pizza,** die Pizzen/Pizzas

der **Planet,** die Planeten

planschen, er/sie planscht

der **Platz,** die Plätze

platzen, es platzt

plötzlich

plus

der **Pokal,** die Pokale

der **Polizist,** die Polizisten

die **Polizistin,** die Polizistinnen

die **Pommes frites**

das **Pony,** die Ponys

der **Popo,** die Popos

die **Post**

der **Preis,** die Preise

prima

proben, er/sie probt

der **Prinz,** die Prinzen

die **Prinzessin,** die Prinzessinnen

prüfen, er/sie prüft

der **Pudding,** die Puddinge/Puddings

der **Pudel,** die Pudel

der **Pullover,** die Pullover

der **Punkt,** die Punkte

die **Puppe,** die Puppen

putzen, er/sie putzt

die **Pyramide,** die Pyramiden

Qu qu

das **Quadrat,** die Quadrate

quadratisch

quaken, er/sie quakt

die **Qualle,** die Quallen

der **Qualm**

qualmen, es qualmt

der **Quark**

der **Quatsch**

quatschen, er/sie quatscht

die **Quelle,** die Quellen

quer

quieken, es quiekt

quietschen, es quietscht

A
B
C
D
E
F
G
H
I
J
K
L
M
N
O
P
Q
R
S
T
U
V
W
X
Y
Z

R r

der **Rabe,** die Raben

das **Rad,** die Räder

der **Radfahrer,** die Radfahrer

die **Radfahrerin,** die Radfahrerinnen

radieren, er/sie radiert

der **Radiergummi,** die Radiergummis

das **Radio,** die Radios

die **Rakete,** die Raketen

der **Rand,** die Ränder

der **Ranzen,** die Ranzen

rasen, er/sie rast

raten, er/sie rät

das **Rätsel,** die Rätsel

die **Ratte,** die Ratten

rauben, er/sie raubt

rau

der **Raum,** die Räume

die **Raupe,** die Raupen

rechnen, er/sie rechnet

die **Rechnung,** die Rechnungen

rechts

reden, er/sie redet

die **Regel,** die Regeln

der **Regen**

der **Regenbogen,** die Regenbögen

regnen, es regnet

reiben, er/sie reibt

reich

reif

die **Reihe,** die Reihen

der **Reim,** die Reime

der **Reis**

die **Reise,** die Reisen

reisen, er/sie reist

reißen, er/sie reißt

reiten, er/sie reitet

rennen, er/sie rennt

retten, er/sie rettet

richtig

die **Richtung,** die Richtungen

A
B
C
D
E
F
G
H
I
J
K
L
M
N
O
P
Q
R
S
T
U
V
W
X
Y
Z

riechen, er/sie riecht

der Riese, die Riesen

riesig

die Riesin, die Riesinnen

der Ring, die Ringe

der Ritter, die Ritter

die Robbe, die Robben

der Roboter, die Roboter

der Rock, die Röcke

rodeln, er/sie rodelt

rollen, es rollt

der Roller, die Roller

der Rollschuh, die Rollschuhe

rosa

die Rose, die Rosen

rostig

rot

das Rotkehlchen, die Rotkehlchen

der Rücken, die Rücken

der Rucksack, die Rucksäcke

rufen, er/sie ruft

ruhig

rühren, er/sie rührt

rund

der Rüssel, die Rüssel

die Rutsche, die Rutschen

rutschen, er/sie rutscht

S s

die Sache, die Sachen

der Sack, die Säcke

der Saft, die Säfte

saftig

die Säge, die Sägen

sagen, er/sie sagt

die Salami, die Salamis

der Salat, die Salate

das Salz, die Salze

salzig

der Samen, die Samen

A B C D E F G H I J K L M N O P Q R S T U V W X Y Z

sammeln, er/sie sammelt

der Samstag, die Samstage

der Sand

die Sandale, die Sandalen

sandig

der Sänger, die Sänger

die Sängerin, die Sängerinnen

satt

der Sattel, die Sättel

der Satz, die Sätze

sauber

sauer

sausen, er/sie saust

schade

das Schaf, die Schafe

schaffen, er/sie schafft es

der Schal, die Schals

scharf, schärfer

der Schatten, die Schatten

der Schatz, die Schätze

schauen, er/sie schaut

die **Schaufel,** die Schaufeln

schaukeln, er/sie schaukelt

scheinen, er/sie scheint

schenken, er/sie schenkt

die **Schere,** die Scheren

die **Scheune,** die Scheunen

schicken, er/sie schickt

schieben, er/sie schiebt

schief

das **Schiff,** die Schiffe

die **Schildkröte,** die Schildkröten

der **Schinken,** die Schinken

der **Schirm,** die Schirme

schlafen, er/sie schläft

schlagen, er/sie schlägt

die **Schlange,** die Schlangen

schlank

schlau

schlecht

schleichen, er/sie schleicht

schließen, er/sie schließt

der **Schlitten,** die Schlitten

das **Schloss,** die Schlösser

der **Schluss,** die Schlüsse

der **Schlüssel,** die Schlüssel

schmal

schmecken, es schmeckt

der **Schmetterling,** die Schmetterlinge

schmücken, er/sie schmückt

schmusen, er/sie schmust

schmutzig

der **Schnabel,** die Schnäbel

die **Schnauze,** die Schnauzen

die **Schnecke,** die Schnecken

der **Schnee**

der **Schneemann,** die Schneemänner

schneiden, er/sie schneidet

schneien, es schneit

schnell

die **Schokolade,** die Schokoladen

schon

schön

der Schornstein, die Schornsteine

die Schramme, die Schrammen

der Schrank, die Schränke

schrecklich

schreiben, er/sie schreibt

schreien, er/sie schreit

die Schrift, die Schriften

der Schuh, die Schuhe

die Schule, die Schulen

der Schüler, die Schüler

die Schülerin, die Schülerinnen

die Schulter, die Schultern

die Schüssel, die Schüsseln

schütten, er/sie schüttet

schwach, schwächer

der Schwamm, die Schwämme

der Schwanz, die Schwänze

schwarz

das Schwein, die Schweine

schwer

die Schwester, die Schwestern

schwimmen, er/sie schwimmt

schwitzen, er/sie schwitzt

schwören, er/sie schwört

sechs

sechzehn

sechzig

der See, die Seen

segeln, er/sie segelt

sehen, er/sie sieht

sehr

die Seife, die Seifen

das Seil, die Seile

sein, ich bin, du bist, er/sie ist, wir sind, er/sie war

sein, seine, seiner

seit

die Seite, die Seiten

die Sekunde, die Sekunden

der September

der Sessel, die Sessel

sich setzen, er/sie setzt sich

sich

sicher

sie

das Sieb, die Siebe

sieben

siebzehn

siebzig

siegen, er/sie siegt

Silvester

sind (→ sein)

singen, er/sie singt

der Sinn, die Sinne

sitzen, er/sie sitzt

das Skelett, die Skelette

so

die Socke, die Socken

das Sofa, die Sofas

sofort

der Sohn, die Söhne

sollen, er/sie soll

der Sommer, die Sommer

sondern

der **Sonnabend,** die Sonnabende

die **Sonne,** die Sonnen

sonnig

der **Sonntag,** die Sonntage

sonst

die **Spaghetti**

spannend

sparen, er/sie spart

der **Spaß,** die Späße

spät

der **Spatz,** die Spatzen

der **Spiegel,** die Spiegel

spielen, er/sie spielt

das **Spiel,** die Spiele

der **Spieler,** die Spieler

die **Spielerin,** die Spielerinnen

der **Spielplatz,** die Spielplätze

das **Spielzeug,** die Spielzeuge

der **Spinat**

die **Spinne,** die Spinnen

spinnen, er/sie spinnt

spitz

der Sport

sportlich

sprechen, er/sie spricht

springen, er/sie springt

die Spritze, die Spritzen

spritzen, es spritzt

spucken, er/sie spuckt

spülen, er/sie spült

spüren, er/sie spürt

die Stadt, die Städte

der Stall, die Ställe

die Stange, die Stangen

der Stängel, die Stängel

stark, stärker

der Staub

stechen, er/sie sticht

stehen, er/sie steht

steigen, er/sie steigt

steil

der **Stein,** die Steine

stellen, er/sie stellt

der **Stempel,** die Stempel

der **Stern,** die Sterne

der **Stiefel,** die Stiefel

der **Stift,** die Stifte

still

die **Stimme,** die Stimmen

stinken, es stinkt

die **Stirn,** die Stirnen

der **Stock,** die Stöcke

stolpern, er/sie stolpert

stolz

stoppen, er/sie stoppt

das **Stoppschild,** die Stoppschilder

der **Strand,** die Strände

die **Straße,** die Straßen

der **Strauch,** die Sträucher

der **Streich,** die Streiche

streicheln, er/sie streichelt

der **Streit,** die Streite

streiten, er/sie streitet

der Strich, die Striche

der Strumpf, die Strümpfe

das Stück, die Stücke

der Stuhl, die Stühle

die Stunde, die Stunden

der Sturm, die Stürme

stürzen, er/sie stürzt

suchen, er/sie sucht

super

die Suppe, die Suppen

süß

die Süßigkeit, die Süßigkeiten

T t

die Tafel, die Tafeln

der Tag, die Tage

die Tanne, die Tannen

die Tante, die Tanten

A B C D E F G H I J K L M N O P Q R S T U V W X Y Z

der **Tanz,** die Tänze

tanzen, er/sie tanzt

die **Tasche,** die Taschen

die **Tasse,** die Tassen

die **Tatze,** die Tatzen

die **Taube,** die Tauben

tauchen, er/sie taucht

tauschen, er/sie tauscht

tausend

das **Taxi,** die Taxis

der **Teddy,** die Teddys

der **Tee,** die Tees

der **Teich,** die Teiche

teilen, er/sie teilt

das **Telefon,** die Telefone

telefonieren, er/sie telefoniert

der **Teller,** die Teller

die **Temperatur,** die Temperaturen

der **Teppich,** die Teppiche

teuer

der **Text,** die Texte

das **Thermometer,** die Thermometer

tief

das **Tier,** die Tiere

der **Tiger,** die Tiger

tippen, er/sie tippt

der **Tisch,** die Tische

toben, er/sie tobt

die **Tochter,** die Töchter

toll

die **Tomate,** die Tomaten

der **Ton,** die Töne

der **Topf,** die Töpfe

das **Tor,** die Tore

die **Torte,** die Torten

tot

tragen, er/sie trägt

der **Traktor,** die Traktoren

die **Traube,** die Trauben

der **Traum,** die Träume

träumen, er/sie träumt

traurig

A
B
C
D
E
F
G
H
I
J
K
L
M
N
O
P
Q
R
S
T
U
V
W
X
Y
Z

treffen, er/sie **trifft**

die **Treppe,** die **Treppen**

treten, er/sie **tritt**

treu

trinken, er/sie **trinkt**

trocken

die **Trommel,** die **Trommeln**

die **Trompete,** die **Trompeten**

trösten, er/sie **tröstet**

das **T-Shirt,** die **T-Shirts**

das **Tuch,** die **Tücher**

die **Tulpe,** die **Tulpen**

tun, er/sie **tut** etwas

die **Tür,** die **Türen**

der **Turm,** die **Türme**

turnen, er/sie **turnt**

die **Tüte,** die **Tüten**

U u

die **U-Bahn,** die U-Bahnen

üben, er/sie übt

über

überall

überqueren, er/sie überquert etwas

überraschen, er/sie überrascht jemanden

die **Überschrift,** die Überschriften

übrigens

die **Übung,** die Übungen

das **Ufer,** die Ufer

die **Uhr,** die Uhren

der **Uhu,** die Uhus

um

umarmen, er/sie umarmt

umfallen, er/sie fällt um

die **Umwelt**

und

der **Unfall,** die Unfälle

das **Ungeheuer,** die Ungeheuer

A
B
C
D
E
F
G
H
I
J
K
L
M
N
O
P
Q
R
S
T
U
V
W
X
Y
Z

A
B
C
D
E
F
G
H
I
J
K
L
M
N
O
P
Q
R
S
T
U
V
W
X
Y
Z

unheimlich

uns

unser, unsere

der Unsinn

unten

unter

unternehmen, er/sie unternimmt etwas

der Unterricht

unterrichten, er/sie unterrichtet

unterwegs

der Urlaub, die Urlaube

V v

der Vampir, die Vampire

die Vase, die Vasen

der Vater, die Väter

der Verband, die Verbände

das Verbot, die Verbote

vergessen, er/sie vergisst

verkaufen, er/sie verkauft

der Verkehr

sich verkleiden, er/sie verkleidet sich

verlieren, er/sie verliert

verraten, er/sie verrät etwas

verschlafen, er/sie verschläft

verstecken, er/sie versteckt

verstehen, er/sie versteht

versuchen, er/sie versucht

viel, mehr, am meisten

vier

vierzehn

vierzig

das Vitamin, die Vitamine

der Vogel, die Vögel

das Volk, die Völker

voll

vom

von

vor

voraus

A
B
C
D
E
F
G
H
I
J
K
L
M
N
O
P
Q
R
S
T
U
V
W
X
Y
Z

vorbei

vorlesen, er/sie liest vor

der Vormittag, die Vormittage

der Vorname, die Vornamen

vorsichtig

die Vorstellung, die Vorstellungen

der Vulkan, die Vulkane

W w

die Waage, die Waagen

wach

wachsen, er/sie wächst

die Waffel, die Waffeln

wählen, er/sie wählt

wahr

der Wal, die Wale

der Wald, die Wälder

die Wand, die Wände

wandern, er/sie wandert

die **Wanderung,** die Wanderungen

wann

war (→ sein)

warm, wärmer

die **Wärme**

warnen, er/sie warnt

warten, er/sie wartet

warum

was

waschen, er/sie wäscht

das **Wasser**

die **Watte**

der **Wecker,** die Wecker

weg

der **Weg,** die Wege

wegen

weich

Weihnachten

weil

weinen, er/sie weint

weiß

A
B
C
D
E
F
G
H
I
J
K
L
M
N
O
P
Q
R
S
T
U
V
W
X
Y
Z

weit

weiter

welche, welcher, welches

die Welle, die Wellen

die Welt, die Welten

wem

wen

wenig

wenn

wer

werden, er/sie wird

werfen, er/sie wirft

das Wetter

wichtig

wie

wieder

wiederholen, er/sie wiederholt

die Wiege, die Wiegen

wiegen, er/sie wiegt

die Wiese, die Wiesen

das Wiesel, die Wiesel

wieso

wild

die Wimper, die Wimpern

der Wind, die Winde

windig

die Windel, die Windeln

winken, er/sie winkt

der Winter, die Winter

winzig

die Wippe, die Wippen

wir

wissen, er/sie weiß

der Witz, die Witze

witzig

wo

die Woche, die Wochen

das Wochenende, die Wochenenden

wofür

woher

wohin

wohnen, er/sie wohnt

die **Wohnung,** die Wohnungen

der **Wolf,** die Wölfe

die **Wolke,** die Wolken

wolkig

die **Wolle**

wollen, er/sie will

das **Wort,** die Wörter

wovon

wozu

die **Wunde,** die Wunden

das **Wunder,** die Wunder

wunderbar

der **Wunsch,** die Wünsche

wünschen, er/sie wünscht

der **Würfel,** die Würfel

der **Wurm,** die Würmer

die **Wurst,** die Würste

die **Wurzel,** die Wurzeln

die **Wüste,** die Wüsten

die **Wut**

wütend

X x

die **X-Beine**

das **Xylofon,** die Xylofone

Y y

das **Yak,** die Yaks

das **Ypsilon,** die Ypsilons

Z z

zäh

die **Zahl,** die Zahlen

zahlen, er/sie zahlt

zählen, er/sie zählt

zahm

der **Zahn,** die Zähne

A
B
C
D
E
F
G
H
I
J
K
L
M
N
O
P
Q
R
S
T
U
V
W
X
Y
Z

A B C D E F G H I J K L M N O P Q R S T U V W X Y **Z**

die **Zahnbürste,** die Zahnbürsten

die **Zange,** die Zangen

zanken, er/sie zankt

zärtlich

zaubern, er/sie zaubert

der **Zaun,** die Zäune

das **Zebra,** die Zebras

der **Zebrastreifen,** die Zebrastreifen

der **Zeh,** die Zehen

zehn

zeichnen, er/sie zeichnet

zeigen, er/sie zeigt

die **Zeit,** die Zeiten

die **Zeitung,** die Zeitungen

das **Zelt,** die Zelte

der **Zettel,** die Zettel

das **Zeugnis,** die Zeugnisse

die **Ziege,** die Ziegen

ziehen, er/sie zieht

das **Ziel,** die Ziele

ziemlich

das **Zimmer,** die Zimmer

der **Zirkus,** die Zirkusse

die **Zitrone,** die Zitronen

zittern, er/sie zittert

der **Zoo,** die Zoos

der **Zopf,** die Zöpfe

zu

der **Zucker**

zuerst

zufrieden

der **Zug,** die Züge

zuletzt

zum

die **Zunge,** die Zungen

zur

zurück

zusammen

zwanzig

zwei

der **Zweig,** die Zweige

der **Zwerg,** die Zwerge

die **Zwergin,** die Zwerginnen

der **Zwieback,** die Zwiebäcke/Zwiebacke

die **Zwiebel,** die Zwiebeln

der **Zwilling,** die Zwillinge

zwischen

zwölf

Jetzt folgen die Seiten für die Klassen 3 und 4.

Klasse 3/4

So kannst du Wörter nachschlagen

Auf den Seiten 100 bis 221 sind alle Wörter nach dem Alphabet (ABC) geordnet.

Nomen sind in der Einzahl und in der Mehrzahl abgedruckt:
der **Aal,** die Aale

Verben stehen in der Grundform, in der Gegenwart und in der 1. Vergangenheit in der Liste:
ab|fah|ren, er/sie fährt ab, fuhr ab
be|deu|ten, es bedeutet, bedeutete

Wenn sich bei Verben der Wortstamm bei einer Personal- oder Zeitform ändert, findest du diese Wörter auch einzeln in der Wörterliste:
er **gibt** (→ geben)

Adjektive findest du in der Grundform.
Wenn sich der Wortstamm in einer Vergleichsstufe ändert, sind auch diese Formen aufgeführt:
arm, ärmer, am ärmsten

Auf den Seiten 222 bis 224 findest du Informationen zum Aufbau von Wörtern, zu Wortarten und Wortfeldern.

Diese Zeichen findest du im Wörterbuch:

→   Das Wort nach dem Pfeil ist die Grundform.
Sieh auch dort nach.

↔   Dieses Wort ist das Gegenteil oder ein Gegensatz
zu dem davor stehenden Wort.

(Erklärung)   In den Klammern steht eine Erklärung zu einem
Wort.

| Hier kannst du das Wort trennen.
Manchmal gibt es verschiedene Möglichkeiten.
Nicht immer erfolgt die Trennung nach
Sprechsilben.

Wenn du ein Wort suchst, findest du es schneller, wenn du
auch auf den zweiten und dritten Buchstaben achtest.

Bei zusammengesetzten Wörtern musst du die einzelnen
Wörter suchen.
das Reitpferd: reiten (S. 177), das Pferd (S. 171)
der Schnellzug: schnell (S. 185), der Zug (S. 221)
ausmessen: aus (S. 105), messen (S. 162)

Manchmal ist bei einem zusammengesetzten Nomen ein
Buchstaben eingefügt:
das Geburtstag**s**geschenk:
der Geburtstag (S. 134), das Geschenk (S. 137)
der Suppe**n**teller:
die Suppe (S. 196), der Teller (S. 198)

So kannst du Wörter richtig schreiben

Wörter mitsprechen und Silben schwingen

Die meisten Wörter schreibst du so, wie du sie sprichst. Damit du keinen Buchstaben vergisst, sprich deutlich und schwinge die Silben.

Jede Silbe hat einen König (Vokal, Umlaut oder Zwielaut):

Fisch   Mäd chen   Pa pa gei

Steht der König am Ende der ersten Silbe, klingt er lang und deutlich:

Bo den   heu te   je dem   re den

Hörst du einen langen i-Laut am Ende einer Silbe, schreibst du meistens **ie**:

Zwie bel   zie len   nie mals

Steht der König in der Mitte der ersten Silbe, klingt er kurz und undeutlich:

Tan te   schen ken   lus tig

Hörst du nach einem kurzem Vokal nur einen Konsonanten, musst ihn verdoppeln:

Zim mer   zu sam men   stel len

Hörst du ein z nach einem kurzen Vokal, schreibst du meistens **tz**:

Platz   schüt zen   spitz

Hörst du ein k nach einem kurzen Vokal, schreibst du meistens **ck**:

Glück   zu rück   ver ste cken

Ein r am Ende einer Silbe kannst du besser hören, wenn du in Silben sprichst:

Er de   mer ken   mor gen

Achte auch auf die Verbindung **rn**:

gestern   Eltern   feiern

> Wenn du ein Wort am Zeilenende trennst, lass keinen Vokal oder Umlaut alleine stehen. Trenne so: Amei-se, Ele-fant, …

Wörter verlängern

In manchen Wörtern kannst du nicht alle Buchstaben und Laute gut hören.

Bei Wörtern mit einer Silbe kannst du ein **r** nach einem Vokal nicht gut hören. Suche ein verwandtes Wort mit zwei Silben:

das Do**r**f   viele Dö**r** fer   er wi**r**ft   we**r** fen

ge**r**n   ge**r** ne

Bei Wörtern mit einer Silbe kannst du ein **h** nicht hören. Suche ein verwandtes Wort mit zwei Silben. Wenn die zweite Silbe mit dem Konsonanten **h** beginnt, folgt der Vokal **e**:

der Schu**h**   viele Schu **he**   frü**h**   frü **her**

sie ge**h**t   ge **h**en

So kannst du zwei gleiche Konsonanten hörbar machen:

das Be**tt**   viele Be**t t**en   schli**mm**   schlim **mer**

der Ri**ss**   viele Ri**s s**e   dü**nn**   dün **ner**

Bei manchen Verben kannst du in einer Personalform mit einer Silbe nicht alle Laute und Buchstaben gut hören. Verlängere, indem du die Grundform bildest:

es kna**ll**t   kna**l l**en   sie spi**nn**t   spin **nen**

Auch **tz** und **ck** sind doppelte Konsonanten:

der Wi**tz**   viele Wi**tz**e

spi**tz**   spi**tz**er

der Bli**ck**   viele Bli**ck**e

di**ck**   di**ck**er

Achtung: Wenn du ein Wort mit ck trennst, bleibt ck zusammen.

Diese Buchstaben klingen bei Wörtern mit einer Silbe oft gleich: **b – p, d – t, g – k**. Wenn du die Wörter verlängerst, kannst du den richtigen Buchstaben hörbar machen.
Bilde bei Nomen die Mehrzahl:

das Kal**b**   viele Käl**b**er | der Zwer**g**   viele Zwer**g**e

Bilde bei Adjektiven die Steigerungsform:

lan**g**   län**g**er | wil**d**   wil**d**er

Bei Verben in der Personalform kannst du die Grundform bilden:

sie le**b**t   le**b**en | er le**g**t   le**g**en

sie hu**p**t   hu**p**en |

Manche Wörter haben keine Mehrzahl oder lassen sich nicht steigern. Suche ein verwandtes Wort aus der Wortfamilie:

der Knal**l**   knal**l**en | ferti**g**   das ferti**g**e Bild

Verwandte Wörter suchen

Manche Laute klingen gleich: **ä** – **e**, **äu** – **eu**.
Wenn es ein verwandtes Wort aus der Wortfamilie mit
a oder **au** gibt, schreibst du **ä** oder **äu**.
der Anf**ä**nger – der Anf**a**ng, also ä
w**ä**rmen – w**a**rm, also ä
l**ä**ssig – l**a**ssen, also ä

tr**äu**men – der Tr**au**m, also äu
s**äu**bern – s**au**ber, also äu

Bei manchen Verben wird in der Personalform **a** zu **ä**
oder **au** zu **äu**.
Prüfe die Grundform oder suche ein verwandtes Wort:
er w**ä**scht – w**a**schen, also ä
sie schl**ä**ft – schl**a**fen, also ä
er r**äu**mt – der R**au**m, also äu

Bei manchen Nomen wird in der Mehrzahl **a** zu **ä** oder
au zu **äu**.
Prüfe die Einzahl:
die B**ä**nke – die B**a**nk, also ä
die H**äu**ser – das H**au**s, also äu

Wenn es kein verwandtes Wort mit **a** oder **au** gibt,
schreibst du fast immer **e** oder **eu**.
der B**e**rg, l**e**rnen, …
der **Eu**ro, h**eu**te, …

Verwandte Wörter haben einen gemeinsamen Wortstamm.
Die Mitglieder der Wortfamilie werden ähnlich geschrieben.

| steh |: ver**steh**en, die **Steh**lampe, er **steh**t, …

| freund |: an**freund**en, die **Freund**in, be**freund**et, …

| geb/gib |: ab**geb**en, sie **gib**t, der An**geb**er, ver**geb**lich, …

| traum/träum |: der **Traum**, er **träum**t, ver**träum**t, **traum**haft, …

| fahr |: sie **fähr**t, weg**fahr**en, er **fuhr**, der **Fahr**er, das **Fahr**rad, …

| gelb |: **gelb**lich, das Ei**gelb**, gold**gelb**, …

| süß |: **süß**lich, die **Süß**igkeit, zucker**süß**, …

| Freund |: die **Freund**in, die **Freund**schaft, **freund**lich,
anf**reund**en, …

| Wasser |: der **Wasser**fall, das Ge**wässer**, das Mineral**wasser**,
wässrig, …

| Jahr |: die **Jahr**eszeit, das Schul**jahr**, **jähr**lich, der **Jahr**markt, …

*Ich gehe jedes Jahr
im Frühjahr
auf den Jahrmarkt.*

Wörter merken

Manche Wörter musst du dir merken, weil sie eine Merkstelle haben, die du nicht überprüfen kannst.

ß: die Stra**ß**e, bei**ß**en, drau**ß**en, au**ß**er, …
Ch: das **Ch**ristkind, der **Ch**or, **Ch**ina, …
Y/y: das **Y**ak, das Hand**y**, …
V/v: der **V**ogel, **v**ielleicht, **v**oll, …
X/x: das **X**ylofon, das Ta**x**i, der Te**x**t, …
chs: we**chs**eln, der Fu**chs**, se**chs**, …
ks: lin**ks**, der Ke**ks**, …
zz: die Pi**zz**a, die Ski**zz**e, das Pu**zz**le, …
dt: die Sta**dt**, verwan**dt**, sie lä**dt** ein, …
aa, ee, oo: das P**aa**r, der S**ee**, das B**oo**t, …
ä ohne verwandtes Wort mit a: das M**ä**rchen, der K**ä**fig, …
ai: der H**ai**, der L**ai**b, …
lang klingendes **i**: der T**i**ger, der **I**gel, …
Dehnungs-h: die Bo**h**ne, zä**h**len, se**h**r, i**h**m, i**h**r, …

Fremdwörter: T-Shirt, Computer, Recycling, Skateboard, …

Merke dir auch die kleinen Wörter, die du oft brauchst:
ab, bis, hier, nichts, voll, zuletzt, …

Suche zu jeder Merkstelle weitere Wörter.

Wenn du vorangestellte Wortbausteine gut kennst, schreibst du automatisch viele Wörter richtig.

Zum Beispiel werden alle Wörter mit `vor-` und `ver-` mit **V, v** geschrieben:

`ver-` : **ver**zaubern, das **Ver**bot, **ver**gesslich, …

`vor-` : **vor**lesen, der **Vor**mittag, **vor**sichtig, …

Wenn du daran denkst, dass alle Adjektive mit dem Wortbaustein `-ig` immer mit **g** am Ende geschrieben werden, musst du sie nicht mehr jedes Mal verlängern:

durst**ig**, heft**ig**, neugier**ig**, schwier**ig**, lust**ig**, …

Wenn du dir die Schreibweise der Wortbausteine `-heit` , `-keit` und `-ung` merkst, musst du Nomen mit diesen Endungen nicht mehr verlängern:

Frei**heit**, Sicher**heit**, Bescheiden**heit**, …
Behinder**ung**, Zeit**ung**, Heiz**ung**, …
Aufmerksam**keit**, Einsam**keit**, Tapfer**keit**, …

Merke dir auch, wo dein Wörterbuch steht.

A

der **Aal,** die Aale
das **Aas** (Körper eines toten
Tieres)
ab
der **Abend,** die Abende
abends
das **Aben|teu|er,**
die Abenteuer
aber
der **Aber|glau|be**
ab|fah|ren, er/sie fährt ab,
fuhr ab
die **Ab|fahrt,** die Abfahrten
der **Ab|fall,** die Abfälle
der **Ab|ge|ord|ne|te,**
die Abgeordneten
die **Ab|ge|ord|ne|te,**
die Abgeordneten
ab|ge|schlos|sen
(→ abschließen)
ab|ge|schnit|ten
(→ abschneiden)
ab|ge|schrie|ben
(→ abschreiben)
der **Ab|grund,** die Abgründe
ab|hän|gig

ab|ho|len, er/sie holt ab,
holte ab
das **Abi|tur**
(Abschlussprüfung
im Gymnasium)
die **Ab|kür|zung,**
die Abkürzungen
ab|leh|nen, er/sie lehnt ab,
lehnte ab
die **Ab|leh|nung,**
die Ablehnungen
das **Abon|ne|ment,**
die Abonnements
(Dauerbezug, z. B. für eine
Zeitung, oder Dauermiete,
z. B. für einen Platz im Theater)
abon|nie|ren,
er/sie abonniert, abonnierte
die **Ab|sa|ge,** die Absagen
ab|sa|gen, er/sie sagt ab,
sagte ab
ab|schi|cken, er/sie schickt
ab, schickte ab
der **Ab|schied,** die Abschiede
ab|schlie|ßen,
er/sie schließt ab, schloss ab
ab|schnei|den,
er/sie schneidet ab,
schnitt ab

ab|schrei|ben,
er/sie schreibt ab, schrieb ab

der Ab|sen|der, die Absender

die Ab|sicht, die Absichten

ab|stel|len, er/sie stellt ab,
stellte ab

ab|stim|men, er/sie stimmt
ab, stimmte ab

die Ab|stim|mung,
die Abstimmungen

das Ab|teil, die Abteile

ab|wa|schen, er/sie wäscht
ab, wusch ab

die Ach|se, die Achsen

die Ach|sel, die Achseln

acht

ach|ten, er/sie achtet,
achtete

die Ach|tung

acht|zehn

acht|zig

der Acker, die Äcker

die Ac|tion (englisches Wort für
eine spannende Handlung,
z. B. im Film)

ad|die|ren, er/sie addiert,
addierte

die Ad|di|ti|on, die Additionen

die Ader, die Adern

das Ad|jek|tiv, die Adjektive
(Wortart)

der Ad|ler, die Adler

ad|op|tie|ren,
er/sie adoptiert, adoptierte
(ein Kind aufnehmen, das nicht
bei seinen eigenen Eltern leben
kann)

die Ad|op|ti|on, die Adoptionen

die Ad|res|se, die Adressen

der Ad|vent

der Ad|vents|kranz,
die Adventskränze

der Af|fe, die Affen

Af|ri|ka

ag|gres|siv (angriffslustig)

ah|nen, er/sie ahnt, ahnte

ähn|lich

die Ah|nung, die Ahnungen

die Äh|re, die Ähren

Aids (eine gefährliche
Krankheit)

der Ak|ku|sa|tiv
(4. Fall, Wenfall)

der Ak|ro|bat, die Akrobaten

die Ak|ro|ba|tin,
die Akrobatinnen

ak|tiv (↔ passiv)

ak|tu|ell

A B C D E F G H I J K L M N O P Q R S T U V W X Y Z

der **Alarm,** die Alarme
al|bern
die **Al|bern|heit,**
die Albernheiten
das **Al|bum,** die Alben
der **Al|ko|hol**
Al|lah
al|le, alles
die **Al|lee,** die Alleen
al|lein
al|ler|dings
all|mäh|lich
die **Al|pen**
das **Al|pha|bet**
als
al|so
alt, älter, am ältesten
(↔ jung)
der **Al|tar,** die Altäre
das **Al|ter**
die **Al|ter|na|ti|ve,**
die Alternativen (eine von
zwei oder mehr Möglichkeiten,
zwischen denen man wählen
kann)
das **Alu|mi|ni|um**
(ein Leichtmetall)
am
die **Amei|se,** die Ameisen

Ame|ri|ka
ame|ri|ka|nisch
die **Am|pel,** die Ampeln
die **Am|sel,** die Amseln
an
die **Ana|nas,** die Ananas/
Ananasse
das **An|den|ken,** die Andenken
an|de|re, anderer, anderes
än|dern, er/sie ändert,
änderte
an|ders
der **An|fang,** die Anfänge
an|fan|gen, es fängt an,
fing an
der **An|fän|ger,** die Anfänger
die **An|fän|ge|rin,**
die Anfängerinnen
an|ge|ben, er/sie gibt an,
gab an
an|ge|grif|fen
(→ angreifen)
der **An|ge|klag|te,**
die Angeklagten
die **An|ge|klag|te,**
die Angeklagten
die **An|gel,** die Angeln
an|geln, er/sie angelt,
angelte

an|ge|zo|gen (→ anziehen)
an|grei|fen, er/sie greift an, griff an
die Angst, die Ängste
ängst|lich (↔ mutig, tapfer)
an|hal|ten, er/sie hält an, hielt an
der An|ker, die Anker
der An|lauf, die Anläufe
an|ma|len, er/sie malt an, malte an
der Ano|rak, die Anoraks
an|pro|bie|ren, er/sie probiert an, probierte an
der An|ruf, die Anrufe
an|ru|fen, er/sie ruft an, rief an
an|schau|en, er/sie schaut an, schaute an
an|schei|nend
die An|schrift, die Anschriften
an|statt
sich an|stren|gen, er/sie strengt sich an, strengte sich an
die An|stren|gung, die Anstrengungen
die An|ten|ne, die Antennen
die Ant|wort, die Antworten

ant|wor|ten, er/sie antwortet, antwortete
die An|zahl
die An|zei|ge, die Anzeigen
an|zie|hen, er/sie zieht an, zog an
der An|zug, die Anzüge
an|zün|den, er/sie zündet an, zündete an
der Ap|fel, die Äpfel
die Ap|fel|si|ne, die Apfelsinen
die Apo|the|ke, die Apotheken
der Ap|pa|rat, die Apparate
der Ap|pe|tit
der Ap|plaus
die Ap|ri|ko|se, die Aprikosen
der Ap|ril
das Aqua|ri|um, die Aquarien
der Äqua|tor (größter Breitenkreis der Erde)
die Ar|beit, die Arbeiten
ar|bei|ten, er/sie arbeitet, arbeitete
der Ar|bei|ter, die Arbeiter
die Ar|bei|te|rin, die Arbeiterinnen
ar|beits|los
der Ar|chi|tekt, die Architekten

A
B
C
D
E
F
G
H
I
J
K
L
M
N
O
P
Q
R
S
T
U
V
W
X
Y
Z

die **Ar|chi|tek|tin,**
die Architektinnen
der **Är|ger**
är|ger|lich
är|gern, er/sie ärgert, ärgerte
der **Arm,** die Arme
arm, ärmer, am ärmsten
(↔ reich)
die **Ar|mut**
die **Art,** die Arten
der **Ar|ti|kel,** die Artikel
(Wortart: Begleiter eines
Nomens)
der **Ar|tist,** die Artisten
die **Ar|tis|tin,** die Artistinnen
der **Arzt,** die Ärzte
die **Ärz|tin,** die Ärztinnen
die **Asche**
Asi|en
der **As|phalt** *(ein Straßenbelag)*
sie **aß** *(→ essen)*
der **Ast,** die Äste
der **As|tro|naut (Ast|ro|naut),**
die Astronauten
(Weltraumfahrer)
die **As|tro|nau|tin**
(Ast|ro|nau|tin),
die Astronautinnen
das **Asyl** *(sicherer Zufluchtsort)*

der **At|lan|tik**
der **At|las,** die Atlanten
at|men, er/sie atmet, atmete
die **At|mo|sphä|re** *(Lufthülle*
um die Erde)
das **Atom,** die Atome
auch
auf
auf|ei|nan|der
(auf|ein|an|der)
auf|fal|len, es fällt auf,
fiel auf
auf|füh|ren, er/sie führt auf,
führte auf
die **Auf|ga|be,** die Aufgaben
auf|ge|ben, er/sie gibt auf,
gab auf
auf|ge|stan|den
(→ aufstehen)
auf|hö|ren, er/sie hört auf,
hörte auf
auf|merk|sam
die **Auf|merk|sam|keit**
auf|pas|sen, er/sie passt
auf, passte auf
auf|pum|pen,
er/sie pumpt auf, pumpte auf
auf|räu|men, er/sie räumt
auf, räumte auf

sich **auf|re|gen,** er/sie regt sich
auf, regte sich auf
die **Auf|re|gung**
der **Auf|satz,** die Aufsätze
auf|ste|hen, er/sie steht auf,
stand auf
der **Auf|trag,** die Aufträge
auf|we|cken, er/sie weckt
auf, weckte auf
der **Auf|zug,** die Aufzüge
das **Au|ge,** die Augen
der **Au|gen|blick,**
die Augenblicke
die **Au|gen|braue,**
die Augenbrauen
die **Au|gen|far|be,**
die Augenfarben
der **Au|gust**
die **Au|la,** die Aulas *(Fest- oder*
Versammlungssaal)
aus
die **Aus|bil|dung,**
die Ausbildungen
der **Aus|druck,** die Ausdrücke
aus|dru|cken, er/sie druckt
aus, druckte aus
aus|ei|nan|der
(aus|ein|an|der)
der **Aus|flug,** die Ausflüge

der **Aus|gang,** die Ausgänge
aus|ge|lie|hen
(→ ausleihen)
aus|ge|schnit|ten
(→ ausschneiden)
aus|ge|zo|gen
(→ ausziehen)
die **Aus|kunft,** die Auskünfte
aus|la|chen, er/sie lacht aus,
lachte aus
das **Aus|land**
der **Aus|län|der,** die Ausländer
die **Aus|län|de|rin,**
die Ausländerinnen
aus|lei|hen, er/sie leiht aus,
lieh aus
die **Aus|nah|me,** die Ausnahmen
aus|nahms|wei|se
der **Aus|puff,** die Auspuffe
die **Aus|re|de,** die Ausreden
das **Aus|ru|fe|zei|chen,**
die Ausrufezeichen
sich **aus|ru|hen,**
er/sie ruht sich aus,
ruhte sich aus
aus|schnei|den,
schneidet aus, schnitt aus
aus|se|hen,
er/sie sieht aus, sah aus

A
B
C
D
E
F
G
H
I
J
K
L
M
N
O
P
Q
R
S
T
U
V
W
X
Y
Z

A
B

au|ßen

au|ßer

au|ßer|dem

sich **äu|ßern,** er/sie äußert sich, äußerte sich

die **Äu|ße|rung,** die Äußerungen

die **Aus|sicht,** die Aussichten

aus|stel|len, er/sie stellt aus, stellte aus

die **Aus|stel|lung,** die Ausstellungen

Aus|tra|li|en (Aust|ra|li|en)

aus|tra|lisch (aust|ra|lisch)

die **Aus|wahl**

aus|wäh|len, er/sie wählt aus, wählte aus

der **Aus|weis,** die Ausweise

aus|wen|dig

aus|zie|hen, er/sie zieht aus, zog aus

das **Au|to,** die Autos

die **Au|to|bahn,** die Autobahnen

der **Au|to|fah|rer,** die Autofahrer

die **Au|to|fah|re|rin,** die Autofahrerinnen

das **Au|to|gramm,** die Autogramme

der **Au|to|mat,** die Automaten

au|to|ma|tisch

der **Au|tor,** die Autoren

die **Au|to|rin,** die Autorinnen

die **Axt,** die Äxte

B

das **Ba|by,** die Babys

der **Bach,** die Bäche

die **Ba|cke,** die Backen

ba|cken, er/sie backt/bäckt, backte/buk

der **Bä|cker,** die Bäcker

die **Bä|cke|rei,** die Bäckereien

die **Bä|cke|rin,** die Bäckerinnen

der **Back|ofen,** die Backöfen

sie **bäckt** (→ backen)

das **Bad,** die Bäder

der **Ba|de|an|zug,** die Badeanzüge

die **Ba|de|ho|se,** die Badehosen
ba|den, er/sie badet, badete
Ba|den-Würt|tem|berg
die **Ba|de|wan|ne,**
die Badewannen
das **Ba|de|zim|mer,**
die Badezimmer
der **Bag|ger,** die Bagger
die **Bahn,** die Bahnen
der **Bahn|hof,** die Bahnhöfe
der **Bahn|steig,** die Bahnsteige
die **Bak|te|rie,** die Bakterien
bald
der **Bal|ken,** die Balken
der **Bal|kon,** die Balkone/Balkons
der **Ball,** die Bälle
das **Bal|lett**
der **Bal|lon,** die Ballons
die **Ba|na|ne,** die Bananen
er **band** (→ binden)
das **Band,** die Bänder
die **Band,** die Bands *(englisches
Wort für eine Musikgruppe)*
die **Bank,** die Bänke
der **Bär,** die Bären
bar|fuß
das **Ba|ro|me|ter,** die Barometer
(Luftdruckmesser)
der **Bart,** die Bärte

der **Bas|ket|ball,**
die Basketbälle
bas|teln, er/sie bastelt,
bastelte
sie **bat** (→ bitten)
die **Bat|te|rie,** die Batterien
der **Bauch,** die Bäuche
das **Bauch|weh**
bau|en, er/sie baut, baute
der **Bau|er,** die Bauern
die **Bäu|e|rin,** die Bäuerinnen
der **Bau|ern|hof,**
die Bauernhöfe
der **Baum,** die Bäume
bay|e|risch (bay|risch)
Bay|ern
der **Be|am|te,** die Beamten
die **Be|am|tin,** die Beamtinnen
der **Be|cher,** die Becher
das **Be|cken,** die Becken
sich **be|dan|ken,**
er/sie bedankt sich,
bedankte sich
be|deu|ten, es bedeutet,
bedeutete
be|die|nen, er/sie bedient,
bediente
die **Be|din|gung,**
die Bedingungen

sich **be|ei|len**, er/sie beeilt sich, beeilte sich

be|er|di|gen, er/sie beerdigt, beerdigte

die **Be|er|di|gung**, die Beerdigungen

die **Bee|re**, die Beeren

das **Beet**, die Beete

er **be|fahl** (→ befehlen)

der **Be|fehl**, die Befehle

be|feh|len, er/sie befiehlt, befahl

be|fes|ti|gen, er/sie befestigt, befestigte

sie **be|fiehlt** (→ befehlen)

be|foh|len (→ befehlen)

be|frei|en, er/sie befreit, befreite

die **Be|frei|ung**, die Befreiungen

be|gabt

die **Be|ga|bung**, die Begabungen

er **be|gann** (→ beginnen)

be|geg|nen, er/sie begegnet, begegnete

die **Be|geis|te|rung**

be|gin|nen, er/sie beginnt, begann

be|glei|ten, er/sie begleitet, begleitete

die **Be|glei|tung**, die Begleitungen

be|gon|nen (→ beginnen)

die **Be|grün|dung**, die Begründungen

be|grü|ßen, er/sie begrüßt, begrüßte

die **Be|grü|ßung**, die Begrüßungen

be|hilf|lich

be|hin|dert

die **Be|hin|de|rung**, die Behinderungen

bei

bei|de

der **Bei|fall**

das **Bein**, die Beine

bei|na|he

das **Bei|spiel**, die Beispiele

bei|ßen, er/sie beißt, biss

der **Bei|trag**, die Beiträge

er **be|kam** (→ bekommen)

be|kannt

der **Be|kann|te**, die Bekannten

die **Be|kann|te**, die Bekannten

die **Be|kannt|schaft**, die Bekanntschaften

be|kom|men,
er/sie bekommt, bekam
be|lei|di|gen,
er/sie beleidigt, beleidigte
die Be|lei|di|gung,
die Beleidigungen
Bel|gi|en
bel|gisch
bel|len, er/sie bellt,
bellte
be|loh|nen, er/sie belohnt,
belohnte
die Be|loh|nung,
die Belohnungen
be|mer|ken, er/sie bemerkt,
bemerkte
die Be|mer|kung,
die Bemerkungen
be|nut|zen, er/sie benutzt,
benutzte
der Be|nut|zer, die Benutzer
die Be|nut|ze|rin,
die Benutzerinnen
das Ben|zin
be|ob|ach|ten,
er/sie beobachtet,
beobachtete
be|quem
die Be|quem|lich|keit

sie be|rät (→ beraten)
be|ra|ten, er/sie berät,
beriet
die Be|ra|tung, die Beratungen
be|reit
be|reits
der Berg, die Berge
berg|ab
berg|auf
ber|gig (↔ flach, eben)
das Berg|werk, die Bergwerke
der Be|richt, die Berichte
be|rich|ten, er/sie berichtet,
berichtete
er be|riet (→ beraten)
Ber|lin
der Be|ruf, die Berufe
be|rühmt
sie be|saß (→ besitzen)
sich be|schäf|ti|gen,
er/sie beschäftigt sich,
beschäftigte sich
die Be|schäf|ti|gung,
die Beschäftigungen
be|schei|den (↔ gierig,
maßlos)
die Be|schei|den|heit
die Be|sche|rung,
die Bescherungen

be – be

be|schimp|fen, er/sie
beschimpft, beschimpfte
be|schlie|ßen, er/sie
beschließt, beschloss
er be|schloss
(→ beschließen)
be|schlos|sen
(→ beschließen)
der Be|schluss,
die Beschlüsse
be|schrei|ben,
er/sie beschreibt, beschrieb
die Be|schrei|bung,
die Beschreibungen
sie be|schrieb
(→ beschreiben)
be|schrie|ben
(→ beschreiben)
be|schüt|zen,
er/sie beschützt, beschützte
sich be|schwe|ren,
er/sie beschwert sich,
beschwerte sich
der Be|sen, die Besen
be|ses|sen (→ besitzen)
be|setzt
be|sich|ti|gen,
er/sie besichtigt,
besichtigte

die Be|sich|ti|gung,
die Besichtigungen
der Be|sitz
be|sit|zen, er/sie besitzt,
besaß
der Be|sit|zer, die Besitzer
die Be|sit|ze|rin,
die Besitzerinnen
be|son|ders
be|sor|gen, er/sie besorgt,
besorgte
bes|ser (→ gut)
das Be|steck, die Bestecke
am bes|ten (→ gut)
be|stim|men,
er/sie bestimmt, bestimmte
be|stimmt
der Be|such, die Besuche
be|su|chen, er/sie besucht,
besuchte
be|ten, er/sie betet,
betete
der Be|ton
be|trach|ten,
er/sie betrachtet, betrachtete
der Be|trag, die Beträge
der Be|trieb, die Betriebe
er be|trog (→ betrügen)
be|tro|gen (→ betrügen)

der **Be|trug**
  be|trü|gen, er/sie betrügt,
    betrog
der **Be|trü|ger,** die Betrüger
die **Be|trü|ge|rin,**
  die Betrügerinnen
das **Bett,** die Betten
  bet|teln, er/sie bettelt,
    bettelte
der **Bett|ler,** die Bettler
die **Bett|le|rin,**
  die Bettlerinnen
die **Beu|le,** die Beulen
die **Beu|te**
die **Be|völ|ke|rung**
  be|vor
sich **be|we|gen,** es bewegt sich,
    bewegte sich
die **Be|we|gung,**
  die Bewegungen
der **Be|weis,** die Beweise
  be|wei|sen, er/sie beweist,
    bewies
sie **be|wies** (→ beweisen)
  be|wie|sen (→ beweisen)
  be|zah|len, er/sie bezahlt,
    bezahlte
die **Bi|bel,** die Bibeln
der **Bi|ber,** die Biber

die **Bi|blio|thek (Bib|lio|thek),**
  die Bibliotheken *(Bücherei)*
  bie|gen, er/sie biegt, bog
die **Bie|ne,** die Bienen
das **Bier,** die Biere
das **Bild,** die Bilder
der **Bild|schirm,** die Bildschirme
die **Bil|dung**
  bil|lig (↔ *teuer*)
ich **bin** (→ sein)
  bin|den, er/sie bindet, band
die **Bio|lo|gie**
das **Bio|top,** die Biotope
  (Lebensraum, in dem nur
    bestimmte Arten von Pflanzen
    und Tieren zu finden sind,
    z. B. ein Sumpf)
die **Bir|ke,** die Birken
die **Bir|ne,** die Birnen
  bis
der **Bi|schof,** die Bischöfe
die **Bi|schö|fin,** die Bischöfinnen
  bis|her
er **biss** (→ beißen)
  biss|chen
  bis|sig
du **bist** (→ sein)
  bit|ten, er/sie bittet, bat
  bit|ter

die **Bla|se,** die Blasen

bla|sen, er/sie bläst, blies

blass

sie **bläst** (→ blasen)

das **Blatt,** die Blätter

blät|tern, er/sie blättert, blätterte

blau

das **Blech,** die Bleche

das **Blei**

blei|ben, er/sie bleibt, blieb

der **Blei|stift,** die Bleistifte

der **Blick,** die Blicke

bli|cken, er/sie blickt, blickte

er **blieb** (→ bleiben)

sie **blies** (→ blasen)

blind (↔ sehend)

der **Blind|darm,** die Blinddärme

der **Blin|de,** die Blinden

die **Blin|de,** die Blinden

blin|ken, er/sie blinkt, blinkte

der **Blin|ker,** die Blinker

der **Blitz,** die Blitze

blit|zen, es blitzt, blitzte

der **Block,** die Blöcke

blöd

der **Blöd|sinn**

blond

bloß

blü|hen, es blüht, blühte

die **Blu|me,** die Blumen

die **Blu|se,** die Blusen

das **Blut**

die **Blü|te,** die Blüten

blu|ten, er/sie blutet, blutete

der **Blut|er|guss,** die Blutergüsse

die **Blut|grup|pe,** die Blutgruppen

blu|tig

bo|ckig

der **Bo|den,** die Böden

er **bog** (→ biegen)

die **Boh|ne,** die Bohnen

boh|ren, er/sie bohrt, bohrte

der **Boh|rer,** die Bohrer

die **Bom|be,** die Bomben

das **Bon|bon/**der **Bon|bon,** die Bonbons

das **Boot,** die Boote

bor|gen, er/sie borgt, borgte

bö|se (↔ lieb)

Bos|ni|en-Her|ze|go|wi|na

der **Bo|te,** die Boten

die **Bot|schaft,** die Botschaften

bo|xen, er/sie boxt, boxte

der **Bo|xer,** die Boxer

die **Bo|xe|rin,** die Boxerinnen

sie **brach** (→ brechen)

er **brach ein** (→ einbrechen)

sie **brach|te** (→ bringen)

der **Brand,** die Brände

Bran|den|burg

es **brann|te** (→ brennen)

sie **brät** (→ braten)

bra|ten, er/sie brät, briet

die **Brat|wurst,** die Bratwürste

brau|chen, er/sie braucht, brauchte

braun

das **Brau|se|pul|ver**

die **Braut,** die Bräute

der **Bräu|ti|gam,** die Bräutigame

das **Braut|kleid,** die Brautkleider

brav (↔ ungezogen)

bra|vo

bre|chen, er/sie bricht, brach

der **Brei,** die Breie

breit (↔ schmal)

Bre|men

die **Brem|se,** die Bremsen

brem|sen, er/sie bremst, bremste

bren|nen, es brennt, brannte

die **Brenn|nes|sel,** die Brennnesseln

das **Brett,** die Bretter

die **Bre|zel,** die Brezeln (Breze)

er **bricht** (→ brechen)

sie **bricht ein** (→ einbrechen)

der **Brief,** die Briefe

die **Brief|mar|ke,** die Briefmarken

der **Brief|um|schlag,** die Briefumschläge

er **briet** (→ braten)

die **Bril|le,** die Brillen

brin|gen, er/sie bringt, brachte

die **Brom|bee|re,** die Brombeeren

die **Bron|ze** (eine Metallmischung)

das **Brot,** die Brote

das **Bröt|chen,** die Brötchen

der **Bruch,** die Brüche

die **Brü|cke,** die Brücken

der **Bru|der,** die Brüder

brü|der|lich

brül|len, er/sie brüllt, brüllte

brum|men, er/sie brummt, brummte

der **Brun|nen,** die Brunnen

die **Brust,** die Brüste

bru|tal (↔ sanft)

der **Bub,** die Buben (landsch. für Junge)

das **Buch,** die Bücher

die **Bu|che,** die Buchen

die **Bü|che|rei,** die Büchereien

der **Bü|cher|wurm,** die Bücherwürmer

die **Büch|se,** die Büchsen

der **Buch|sta|be,** die Buchstaben

sich **bü|cken,** er/sie bückt sich, bückte sich

der **Bud|dhis|mus** (Lehre Buddhas; eine Religion)

das **Bü|gel|ei|sen,** die Bügeleisen

bü|geln, er/sie bügelt, bügelte

die **Büh|ne,** die Bühnen

sie **buk** (→ backen)

Bul|ga|ri|en

bul|ga|risch

der **Bu|me|rang,** die Bumerangs (ein Wurfholz)

bum|meln, er/sie bummelt, bummelte

der **Bun|des|kanz|ler,** die Bundeskanzler

die **Bun|des|kanz|le|rin,** die Bundeskanzlerinnen

die **Bun|des|li|ga,** die Bundesligen

die **Bun|des|re|pu|blik** (Bun|des|re|pub|lik)

die **Bun|des|wehr**

bunt (↔ einfarbig)

der **Bunt|stift,** die Buntstifte

die **Burg,** die Burgen

der **Bür|ger,** die Bürger

die **Bür|ge|rin,** die Bürgerinnen

der **Bür|ger|meis|ter,** die Bürgermeister

die **Bür|ger|meis|te|rin,** die Bürgermeisterinnen

der **Bür|ger|steig,** die Bürgersteige

das **Bü|ro,** die Büros

die **Bürs|te,** die Bürsten

bürs|ten, er/sie bürstet, bürstete

der **Bus,** die Busse

der **Busch,** die Büsche

die **Bu|ße**

büßen, er/sie büßt, büßte
die Butter
die Buttermilch
das Byte, die Bytes
(Computersprache: eine
bestimmte, sehr kleine
Datenmenge)

C

das Cabrio (Cabrio),
die Cabrios
campen, er/sie campt,
campte
der Campingplatz,
die Campingplätze
die CD, die CDs (Abkürzung
für englisch compact disc; ein
Speichermedium)
der CD-Player (CD-Player),
die CD-Player
die CD-ROM, die CD-ROMs
(→ CD, deren Inhalt nicht
mehr gelöscht oder verändert
werden kann)
das Cello, die Cellos/Celli
(ein Saiteninstrument)

Celsius (Einheit auf der
Temperaturskala, benannt
nach dem Schweden Anders
Celsius)
der Cent, die Cent/Cents
die Chance, die Chancen
der Chef, die Chefs
die Chefin, die Chefinnen
die Chemie
China
chinesisch
die Chips
der Chor, die Chöre
der Christ, die Christen
der Christbaum,
die Christbäume
das Christentum
(eine Religion)
die Christin, die Christinnen
Christus (Jesus Christus;
das Wort bedeutet
„Gesalbter")
die Chronik, die Chroniken
(Aufzeichnung von
Ereignissen in ihrer
zeitlichen Abfolge)
ciao (italienischer Gruß)
die City, die Citys (englisches
Wort für Innenstadt)

A
B
C
D
E
F
G
H
I
J
K
L
M
N
O
P
Q
R
S
T
U
V
W
X
Y
Z

cle|ver *(englisches Wort für klug, schlau)*
der **Clown**, die Clowns
der **Club**, die Clubs
die **Co|la**, die Colas
der **Co|mic**, die Comics
der **Com|pu|ter**, die Computer
cool
die **Corn|flakes**
die **Couch**, die Couches *(Sofa)*
der **Cou|sin**, die Cousins
die **Cou|si|ne**, die Cousinen
der **Cow|boy**, die Cowboys
die **Creme**, die Cremes
der **Cur|sor**, die Cursors
(Computersprache: Bildschirmzeiger)

D

da
da|bei
das **Dach**, die Dächer
der **Dachs**, die Dachse
er **dach|te** (→ denken)
sie **dach|te nach**
(→ nachdenken)

der **Da|ckel**, die Dackel
da|durch
da|für
da|ge|gen
da|heim *(landsch. für zu Hause)*
da|her
da|hin
da|hin|ter
da|mals
die **Da|me**, die Damen
da|mit
däm|lich
der **Dampf**, die Dämpfe
damp|fen, es dampft, dampfte
da|nach
da|ne|ben
Dä|ne|mark
dä|nisch
der **Dank**
die **Dank|bar|keit**
dan|ken, er/sie dankt, dankte
dann
da|ran (dar|an)
da|rauf (dar|auf)
da|raus (dar|aus)
er **darf** (→ dürfen)
da|rin (dar|in)

da|rü|ber (dar|ü|ber)
da|rum (dar|um)
das
dass *(eine Konjunktion,
ein Bindewort)*
das|sel|be
der Da|tiv *(3. Fall, Wemfall)*
das Da|tum
der Dau|men, die Daumen
da|von
da|vor
da|zu
die De|cke, die Decken
de|cken, er/sie deckt, deckte
deh|nen, er/sie dehnt,
dehnte
die Deh|nung, die Dehnungen
dein, deine, deiner
die De|ko|ra|ti|on,
die Dekorationen
der Del|fin, die Delfine
dem
dem|nach
dem|nächst
die De|mo|kra|tie,
die Demokratien *Staatsform,
bei der das Volk die Männer
und Frauen wählt, die den
Staat leiten)*

de|mo|kra|tisch
der De|mons|trant
(De|monst|rant),
die Demonstranten
die De|mons|tran|tin
(De|monst|ran|tin),
die Demonstrantinnen
die De|mons|tra|ti|on
(De|monst|ra|ti|on),
die Demonstrationen
(Protestkundgebung)
de|mons|trie|ren
(de|monst|rie|ren),
er/sie demonstriert,
demonstrierte
den
den|ken, er/sie denkt,
dachte
das Denk|mal, die Denkmäler
denn
der
de|ren
der|je|ni|ge
der|sel|be
des
des|halb
des|sen
des|to
des|we|gen

der **De|tek|tiv,** die Detektive
die **De|tek|ti|vin,**
 die Detektivinnen
deut|lich
deutsch
der **Deut|sche,** die Deutschen
die **Deut|sche,** die Deutschen
Deutsch|land
der **De|zem|ber**
der **De|zi|me|ter**
das **Dia,** die Dias
der **Di|a|lekt,** die Dialekte
 (Mundart, die nur in
 bestimmten Teilen eines
 Landes gesprochen wird)
der **Di|a|mant,**
 die Diamanten
die **Di|ät,** die Diäten
dich
dicht
dich|ten, er/sie dichtet,
 dichtete
der **Dich|ter,** die Dichter
die **Dich|te|rin,** die Dichterinnen
dick *(↔ dünn)*
dick|köp|fig
die
der **Dieb,** die Diebe
die **Die|bin,** die Diebinnen

der **Dieb|stahl,** die Diebstähle
die **Die|le,** die Dielen
die|nen, er/sie dient,
 diente
der **Dienst,** die Dienste
der **Diens|tag,** die Dienstage
dies, diese, dieser
der **Die|sel**
die|sel|be
der **Die|sel|mo|tor,**
 die Dieselmotoren
di|gi|tal *(↔ analog)*
das **Dik|tat,** die Diktate
dik|tie|ren, er/sie diktiert,
 diktierte
das **Ding,** die Dinge
der **Di|no|sau|ri|er,**
 die Dinosaurier
dir
di|rekt
der **Di|rek|tor,** die Direktoren
die **Di|rek|to|rin,**
 die Direktorinnen
der **Di|ri|gent,** die Dirigenten
die **Di|ri|gen|tin,**
 die Dirigentinnen
das **Dirndl,** die Dirndl
 (Trachtenkleid)
die **Disco,** die Discos

die **Dis|ket|te,** die Disketten
(Computersprache: Datenträger zum Speichern von Daten)

die **Dis|kus|si|on,** die Diskussionen

dis|ku|tie|ren, er/sie diskutiert, diskutierte

das **Dis|play,** die Displays
(Computersprache: Bildschirm bei Computern oder Handys)

di|vi|die|ren, er/sie dividiert, dividierte

die **Di|vi|si|on,** die Divisionen

doch

der **Docht,** die Dochte

der **Dok|tor,** die Doktoren

die **Dok|to|rin,** die Doktorinnen

das **Do|ku|ment,** die Dokumente

der **Dol|lar,** die Dollars

der **Dom,** die Dome

der **Dö|ner** Ke|bab, die Döner Kebabs

der **Don|ner**

don|nern, es donnert, donnerte

der **Don|ners|tag,** die Donnerstage

doof

der **Dop|pel|punkt,** die Doppelpunkte

dop|pelt

das **Dorf,** die Dörfer

dort

die **Do|se,** die Dosen

der **Dot|ter,** die Dotter

der **Dra|che,** die Drachen
(ein geflügeltes Fabelwesen)

der **Dra|chen,** die Drachen
(ein Fluggerät)

der **Draht,** die Drähte

drän|geln, er/sie drängelt, drängelte

drau|ßen

der **Dreck**

dre|ckig (↔ sauber)

dre|hen, er/sie dreht, drehte

die **Dre|hung,** die Drehungen

drei

das **Drei|eck,** die Dreiecke

drei|ßig

drei|zehn

drib|beln, er/sie dribbelt, dribbelte

drin

drin|gend

drin|nen

drit|te, dritter, drittes

das Drit|tel, die Drittel

dro|hen, er/sie droht, drohte

die Dro|hung, die Drohungen

die Dros|sel, die Drosseln

drü|ben

der Druck, die Drucke
(Vervielfältigung, z. B. eines Gemäldes)

dru|cken, er/sie druckt, druckte

drü|cken, er/sie drückt, drückte

der Dru|cker, die Drucker
(Gerät, das Computerdokumente auf Papier ausdruckt)

der Druck|knopf, die Druckknöpfe

der Dschun|gel

du

der Duft, die Düfte

duf|ten, es duftet, duftete

dumm, dümmer, am dümmsten (↔ *klug*)

die Dumm|heit, die Dummheiten

dumpf

dun|kel

die Dun|kel|heit

dünn (↔ *dick*)

durch

durch|ei|nan|der (durch|ein|an|der)

durch|sich|tig

dür|fen, er/sie darf, durfte

sie durf|te (→ *dürfen*)

dürr

der Durst

durs|tig

die Du|sche, die Duschen

du|schen, er/sie duscht, duschte

dus|ter (↔ *hell*)

das Dut|zend

die DVD, die DVDs *(Abkürzung für englisch digital versatile disc; ein Speichermedium)*

das Dy|na|mit *(ein Sprengstoff)*

der Dy|na|mo, die Dynamos *(ein Stromerzeuger)*

E

die Eb|be, die Ebben
eben
eben|so
das Echo, die Echos *(Widerhall)*
echt
die Ecke, die Ecken
eckig *(↔ rund)*
edel
der Edel|stein, die Edelsteine
der Efeu
egal
ehe
die Ehe, die Ehen
die Eh|re, die Ehren
der Ehr|geiz
ehr|gei|zig
ehr|lich
das Ei, die Eier
die Ei|che, die Eichen
die Ei|chel, die Eicheln
das Eich|hörn|chen,
die Eichhörnchen
die Ei|dech|se, die Eidechsen
der Ei|fer
ei|fer|süch|tig
eif|rig *(↔ träge, faul)*

das Ei|gelb, die Eigelbe
ei|ge|ne, eigener, eigenes
ei|gent|lich
das Ei|gen|tor, die Eigentore
das Ei|gen|tum
die Ei|le
ei|len, er/sie eilt, eilte
der Ei|mer, die Eimer
ein, eine, einer
ei|nan|der (ein|an|der)
die Ein|bahn|stra|ße,
die Einbahnstraßen
ein|bre|chen, er/sie bricht
ein, brach ein
der Ein|bre|cher, die Einbrecher
die Ein|bre|che|rin,
die Einbrecherinnen
ein|fach
der Ein|fall, die Einfälle
ein|fal|len, er/sie fällt ein,
fiel ein
der Ein|fluss, die Einflüsse
der Ein|gang, die Eingänge
ein|ge|bro|chen
(→ einbrechen)
ei|ni|ge
sich ei|ni|gen, er/sie einigt sich,
einigte sich
der Ein|kauf, die Einkäufe

A
B
C
D
E
F
G
H
I
J
K
L
M
N
O
P
Q
R
S
T
U
V
W
X
Y
Z

ein|kau|fen, er/sie kauft ein,
kaufte ein

ein|la|den, er/sie lädt ein,
lud ein

die Ein|la|dung,
die Einladungen

die Ein|lei|tung,
die Einleitungen

ein|mal

das Ein|mal|eins

eins

ein|sam

die Ein|sam|keit

einst

ein|ver|stan|den

das Ein|ver|ständ|nis

der Ein|woh|ner, die Einwohner

die Ein|woh|ne|rin,
die Einwohnerinnen

die Ein|zahl

die Ein|zel|heit,
die Einzelheiten

ein|zeln

ein|zig

ein|zig|ar|tig

das Eis

der Eis|bär, die Eisbären

der Eis|be|cher, die Eisbecher

das Ei|sen

die Ei|sen|bahn,
die Eisenbahnen

das Eis|ho|ckey

eis|kalt (↔ heiß)

ei|tel

die Ei|tel|keit, die Eitelkeiten

der Ekel

ek|lig

der Ele|fant, die Elefanten

der Elek|tri|ker,
die Elektriker

die Elek|tri|ke|rin,
die Elektrikerinnen

elek|trisch (elekt|risch)

die Elek|tri|zi|tät
(Elekt|ri|zi|tät)

das Elend

elf

der Elf|me|ter, die Elfmeter

der Ell|bo|gen, die Ellbogen

die Els|ter, die Elstern

die El|tern

die E-Mail, die E-Mails
(englisches Wort für
elektronische Post)

er emp|fahl (→ empfehlen)

sie emp|fand (→ empfinden)

emp|fan|gen,
er/sie empfängt, empfing

der Emp|fän|ger,
die Empfänger

die Emp|fän|ge|rin,
die Empfängerinnen

er emp|fängt (→ empfangen)

emp|feh|len,
er/sie empfiehlt, empfahl

die Emp|feh|lung,
die Empfehlungen

sie emp|fiehlt (→ empfehlen)

emp|fin|den,
er/sie empfindet, empfand

emp|find|lich

er emp|fing (→ empfangen)

emp|foh|len
(→ empfehlen)

emp|fun|den
(→ empfinden)

em|pört

die Em|pö|rung

das En|de, die Enden

end|lich

end|los

die Ener|gie, die Energien

eng (↔ weit)

die En|ge

der En|gel, die Engel

Eng|land

eng|lisch

der En|kel, die Enkel

die En|ke|lin, die Enkelinnen

ent|de|cken, er/sie
entdeckt, entdeckte

die En|te, die Enten

ent|fer|nen, er/sie entfernt,
entfernte

die Ent|fer|nung,
die Entfernungen

die Ent|füh|rung,
die Entführungen

ent|ge|gen

ent|geg|nen,
er/sie entgegnet,
entgegnete

ent|hal|ten, er/sie enthält,
enthielt

es ent|hält (→ enthalten)

es ent|hielt (→ enthalten)

sie ent|kam (→ entkommen)

ent|kom|men,
er/sie entkommt, entkam

ent|lang

ent|las|sen, er/sie entlässt,
entließ

er ent|lässt (→ entlassen)

die Ent|las|sung,
die Entlassungen

sie ent|ließ (→ entlassen)

ent|schei|den, er/sie
entscheidet, entschied

die Ent|schei|dung,
die Entscheidungen

er ent|schied (→ entscheiden)

ent|schie|den
(→ entscheiden)

sich ent|schlie|ßen,
er/sie entschließt sich,
entschloss sich

sie ent|schloss sich
(→ entschließen)

ent|schlos|sen
(→ entschließen)

sich ent|schul|di|gen,
er/sie entschuldigt sich,
entschuldigte sich

die Ent|schul|di|gung,
die Entschuldigungen

ent|sor|gen, er/sie entsorgt,
entsorgte

es ent|stand (→ entstehen)

ent|stan|den
(→ entstehen)

ent|ste|hen, es entsteht,
entstand

ent|täu|schen,
er/sie enttäuscht,
enttäuschte

die Ent|täu|schung,
die Enttäuschungen

er ent|warf (→ entwerfen)

ent|we|der

ent|wer|fen, er/sie entwirft,
entwarf

ent|wi|ckeln, er/sie
entwickelt, entwickelte

die Ent|wick|lung,
die Entwicklungen

sie ent|wirft (→ entwerfen)

ent|wor|fen (→ entwerfen)

die Ent|zün|dung,
die Entzündungen

er

das Er|be

der Er|be, die Erben

er|ben, er/sie erbt, erbte

er|beu|ten, er/sie erbeutet,
erbeutete

die Er|bin, die Erbinnen

die Erb|se, die Erbsen

die Erd|bee|re,
die Erdbeeren

die Er|de

das Erd|ge|schoss,
die Erdgeschosse

die Erd|kun|de

die Erd|nuss, die Erdnüsse

der **Erd|teil,** die Erdteile

sich **er|eig|nen,** es ereignet sich,
ereignete sich

das **Er|eig|nis,** die Ereignisse

er|fah|ren, er/sie erfährt,
erfuhr

die **Er|fah|rung,**
die Erfahrungen

der **Er|fin|der,** die Erfinder

die **Er|fin|de|rin,**
die Erfinderinnen

der **Er|folg,** die Erfolge

er|for|schen,
er/sie erforscht, erforschte

er|freu|lich

er|fri|schen, es erfrischt,
erfrischte

er|gän|zen, er/sie ergänzt,
ergänzte

das **Er|geb|nis,**
die Ergebnisse

sich **er|in|nern,**
er/sie erinnert sich,
erinnerte sich

die **Er|in|ne|rung,**
die Erinnerungen

sich **er|käl|ten,**
er/sie erkältet sich,
erkältete sich

die **Er|käl|tung,**
die Erkältungen

er|kannt (→ erkennen)

er **er|kann|te** (→ erkennen)

er|ken|nen, er/sie erkennt,
erkannte

er|klä|ren, er/sie erklärt,
erklärte

die **Er|klä|rung,**
die Erklärungen

er|kun|den, er/sie erkundet,
erkundete

sich **er|kun|di|gen,**
er/sie erkundigt sich,
erkundigte sich

die **Er|kun|di|gung,**
die Erkundigungen

er|lau|ben, er/sie erlaubt,
erlaubte

die **Er|laub|nis,** die Erlaubnisse

die **Er|le,** die Erlen

er|le|ben, er/sie erlebt,
erlebte

das **Er|leb|nis,** die Erlebnisse

er|le|di|gen, er/sie erledigt,
erledigte

er|leich|tert

er|ler|nen, er/sie erlernt,
erlernte

er|mah|nen, er/sie ermahnt, ermahnte

die Er|mah|nung, die Ermahnungen

er|näh|ren, er/sie ernährt, ernährte

die Er|näh|rung

ernst (↔ heiter, unbeschwert)

die Ern|te, die Ernten

ern|ten, er/sie erntet, erntete

er|pres|sen, er/sie erpresst, erpresste

die Er|pres|sung, die Erpressungen

er|rei|chen, er/sie erreicht, erreichte

er|schei|nen, er/sie erscheint, erschien

die Er|schei|nung, die Erscheinungen

sie er|schien (→ erscheinen)

er|schie|nen (→ erscheinen)

er|schöpft (↔ frisch, fit)

er er|schrak (→ erschrecken)

er|schre|cken, er/sie erschrickt, erschrak

sie er|schrickt (→ erschrecken)

er|schro|cken (→ erschrecken)

er|set|zen, er/sie ersetzt, ersetzte

erst

ers|te, erster, erstes

er|sti|cken, er/sie erstickt, erstickte

er er|trank (→ ertrinken)

er|trin|ken, er/sie ertrinkt, ertrank

er|trun|ken (→ ertrinken)

er|wach|sen

der Er|wach|se|ne, die Erwachsenen

die Er|wach|se|ne, die Erwachsenen

er|wäh|nen, er/sie erwähnt, erwähnte

er|war|ten, er/sie erwartet, erwartete

die Er|war|tung, die Erwartungen

er|wi|schen, er/sie erwischt, erwischte

er|zäh|len, er/sie erzählt, erzählte

die Er|zäh|lung, die Erzählungen

er|zie|hen, er/sie erzieht, erzog

der Er|zie|her, die Erzieher

die Er|zie|he|rin, die Erzieherinnen

die Er|zie|hung

sie er|zog (→ erziehen)

er|zo|gen (→ erziehen)

es

der Esel, die Esel

das Es|sen, die Essen

es|sen, er/sie isst, aß

der Es|sig, die Essige

Est|land

est|län|disch

die Eta|ge, die Etagen (Stockwerk)

das Etui, die Etuis (Behälter oder Schutzhülle, z. B. für eine Brille)

et|wa

et|was

euch

eu|er, eure

die Eu|le, die Eulen

der Eu|ro, die Euros

Eu|ro|pa

der Eu|ro|pä|er, die Europäer

die Eu|ro|pä|e|rin, die Europäerinnen

eu|ro|pä|isch

das Eu|ter, die Euter

evan|ge|lisch

das Evan|ge|li|um, die Evangelien (die ersten vier Bücher des Neuen Testaments in der Bibel; das Wort bedeutet „gute Botschaft")

ewig

die Ewig|keit, die Ewigkeiten

die Ex|pe|di|ti|on, die Expeditionen (Forschungsreise)

das Ex|pe|ri|ment, die Experimente (wissen-schaftlicher Versuch)

ex|plo|die|ren, er/sie explodiert, explodierte

die Ex|plo|si|on, die Explosionen

ex|tra (ext|ra)

F

die Fa|bel, die Fabeln
die Fa|brik (Fab|rik),
    die Fabriken
das Fach, die Fächer
die Fa|ckel, die Fackeln
der Fa|den, die Fäden
    fä|hig
die Fä|hig|keit, die Fähigkeiten
die Fahr|bahn, die Fahrbahnen
die Fäh|re, die Fähren
    fah|ren, er/sie fährt, fuhr
der Fah|rer, die Fahrer
die Fah|re|rin, die Fahrerinnen
die Fahr|kar|te, die Fahrkarten
das Fahr|rad, die Fahrräder
  er fährt (→ fahren)
  sie fährt ab (→ abfahren)
  er fährt Rad (→ Rad fahren)
  er fährt weg (→ wegfahren)
die Fahrt, die Fahrten
die Fähr|te, die Fährten
das Fahr|zeug, die Fahrzeuge
    fair (englisches Wort für
    gerecht)
    fal|len, er/sie fällt, fiel
    fäl|len, er/sie fällt, fällte

  er fällt (→ fallen)
  sie fällt auf (→ auffallen)
  ihm fällt ein (→ einfallen)
  sie fällt hin (→ hinfallen)
    falsch (↔ richtig)
die Fal|te, die Falten
    fal|ten, er/sie faltet, faltete
die Fa|mi|lie, die Familien
der Fan, die Fans
    (englisches Wort für einen
    begeisterten Anhänger,
    z. B. einer Popgruppe)
sie fand (→ finden)
  es fand statt (→ stattfinden)
    fan|gen, er/sie fängt, fing
  er fängt (→ fangen)
  sie fängt an (→ anfangen)
die Fan|ta|sie, die Fantasien
die Far|be, die Farben
der Fa|sching, die Faschings
das Fass, die Fässer
    fas|sen, er/sie fasst, fasste
    fas|ten, er/sie fastet,
    fastete
das Fast Food (englisches Wort
    für ein schnell verzehrbares
    Gericht)
die Fast|nacht (Fasching)
    faul

fau|len|zen, er/sie faulenzt, faulenzte

die **Faust**, die Fäuste

das **Fax**, die Faxe

fa|xen, er/sie faxt, faxte

der **Fe|bru|ar** (Feb|ru|ar)

die **Fe|der**, die Federn

die **Fee**, die Feen

feh|len, er/sie fehlt, fehlte

der **Feh|ler**, die Fehler

feh|ler|frei (↔ fehlerhaft)

die **Fei|er**, die Feiern

fei|ern, er/sie feiert, feierte

der **Fei|er|tag**, die Feiertage

fei|ge (↔ mutig, tapfer)

die **Fei|ge**, die Feigen

der **Feig|ling**, die Feiglinge

fein

der **Feind**, die Feinde

die **Fein|din**, die Feindinnen

feind|lich

das **Feld**, die Felder

das **Fell**, die Felle

der **Fels**, die Felsen

das **Fens|ter**, die Fenster

die **Fe|ri|en**

das **Fer|kel**, die Ferkel

das **Fern|glas**, die Ferngläser

das **Fern|rohr**, die Fernrohre

fern|se|hen, er/sie sieht fern, sah fern

der **Fern|se|her**, die Fernseher

die **Fer|se**, die Fersen

fer|tig

die **Fes|sel**, die Fesseln

fes|seln, er/sie fesselt, fesselte

fest (↔ locker)

das **Fest**, die Feste

fest|lich

die **Fest|plat|te**, die Festplatten (Speicher des Computers)

fett

das **Fett**, die Fette

feucht (↔ trocken)

die **Feuch|tig|keit**

das **Feu|er**, die Feuer

der **Feu|er|alarm**, die Feueralarme

feu|er|rot

die **Feu|er|wehr**, die Feuerwehren

die **Fi|bel**, die Fibeln

die **Fich|te**, die Fichten

das **Fie|ber**

er **fiel** (→ fallen)

sie **fiel auf** (→ auffallen)

ihm **fiel ein** (→ einfallen)

sie **fiel hin** (→ hinfallen)

die **Fi|gur,** die Figuren

der **Film,** die Filme

fil|men, er/sie filmt, filmte

der **Filz|stift,** die Filzstifte

fin|den, er/sie findet, fand

sie **fing** (→ fangen)

er **fing an** (→ anfangen)

der **Fin|ger,** die Finger

der **Fin|ger|na|gel,**

die Fingernägel

der **Fink,** die Finken

fin|nisch

Finn|land

die **Fir|ma,** die Firmen

die **Fir|mung,** die Firmungen

der **Fisch,** die Fische

fi|schen, er/sie fischt, fischte

fit (↔ untrainiert, träge)

die **Fit|ness**

flach (↔ steil, bergig)

die **Flä|che,** die Flächen

die **Flag|ge,** die Flaggen

die **Flam|me,** die Flammen

die **Fla|sche,** die Flaschen

der **Fleck,** die Flecken

die **Fle|der|maus,**

die Fledermäuse

fle|hen, er/sie fleht, flehte

das **Fleisch**

der **Fleiß**

flei|ßig (↔ faul)

die **Flie|ge,** die Fliegen

flie|gen, er/sie fliegt, flog

flie|hen, er/sie flieht, floh

die **Flie|se,** die Fliesen

flie|ßen, es fließt, floss

flit|zen, er/sie flitzt, flitzte

die **Flo|cke,** die Flocken

sie **flog** (→ fliegen)

sie **floh** (→ fliehen)

der **Floh,** die Flöhe

es **floss** (→ fließen)

das **Floß,** die Flöße

die **Flos|se,** die Flossen

die **Flö|te,** die Flöten

flö|ten, er/sie flötet, flötete

der **Fluch,** die Flüche

flu|chen, er/sie flucht,
fluchte

flüch|ten, er/sie flüchtet,
flüchtete

der **Flücht|ling,** die Flüchtlinge

der **Flug,** die Flüge

der **Flü|gel,** die Flügel

das **Flug|zeug,** die Flugzeuge

der **Fluss,** die Flüsse

flüs|sig

die **Flüs|sig|keit,**
die Flüssigkeiten
flüs|tern, er/sie flüstert,
flüsterte
die **Flut,** die Fluten
das **Foh|len,** die Fohlen
der **Föhn,** die Föhne
föh|nen, er/sie föhnt, föhnte
fol|gen, er/sie folgt, folgte
die **Fo|lie,** die Folien
(ein dünnes Blatt, z. B. aus
Kunststoff)
for|dern, er/sie fordert,
forderte
för|dern, er/sie fördert,
förderte
die **For|de|rung,**
die Forderungen
die **För|de|rung,**
die Förderungen
die **Form,** die Formen
for|men, er/sie formt, formte
for|schen, er/sie forscht,
forschte
der **For|scher,** die Forscher
die **For|sche|rin,**
die Forscherinnen
der **Förs|ter,** die Förster
die **Förs|te|rin,** die Försterinnen

fort
der **Fort|schritt,**
die Fortschritte
das **Fo|to,** die Fotos
der **Fo|to|ap|pa|rat,**
die Fotoapparate
der **Fo|to|graf,** die Fotografen
die **Fo|to|gra|fie,**
die Fotografien
fo|to|gra|fie|ren,
er/sie fotografiert,
fotografierte
die **Fo|to|gra|fin,**
die Fotografinnen
die **Fo|to|ko|pie,**
die Fotokopien
das **Foul,** die Fouls *(Regelverstoß*
im Sport)
der **Frach|ter,** die Frachter
die **Fra|ge,** die Fragen
fra|gen, er/sie fragt, fragte
das **Fra|ge|zei|chen,**
die Fragezeichen
Frank|reich
fran|zö|sisch
er **fraß** (→ fressen)
die **Frat|ze,** die Fratzen
(Grimasse)
die **Frau,** die Frauen

frech (↔ *brav*)
die **Frech|heit**, die Frechheiten
frei
die **Frei|heit**, die Freiheiten
der **Frei|tag**, die Freitage
frei|wil|lig (↔ *gezwungen*)
die **Frei|zeit**
fremd (↔ *bekannt*)
der **Frem|de**, die Fremden
die **Frem|de**, die Fremden
fres|sen, er/sie frisst, fraß
die **Freu|de**, die Freuden
freu|dig
sich **freu|en**, er/sie freut sich, freute sich
der **Freund**, die Freunde
die **Freun|din**, die Freundinnen
freund|lich
die **Freund|schaft**, die Freundschaften
der **Frie|den**
der **Fried|hof**, die Friedhöfe
fried|lich (↔ *kriegerisch*)
frie|ren, er/sie friert, fror
frisch
fri|sie|ren, er/sie frisiert, frisierte
der **Fri|sör/Fri|seur**, die Frisöre/Friseure

die **Fri|sö|rin/Fri|seu|rin**, die Frisörinnen/Friseurinnen
sie **frisst** (→ *fressen*)
die **Fri|sur**, die Frisuren
froh
fröh|lich (↔ *traurig*)
die **Fröh|lich|keit**
Fron|leich|nam
er **fror** (→ *frieren*)
der **Frosch**, die Frösche
der **Frost**
die **Frucht**, die Früchte
fruch|tig
früh (↔ *spät*)
das **Früh|jahr**
der **Früh|ling**, die Frühlinge
früh|lings|haft
das **Früh|stück**, die Frühstücke
früh|stü|cken, er/sie frühstückt, frühstückte
der **Fuchs**, die Füchse
füh|len, er/sie fühlt, fühlte
sie **fuhr** (→ *fahren*)
er **fuhr ab** (→ *abfahren*)
sie **fuhr Rad** (→ *Rad fahren*)
sie **fuhr weg** (→ *wegfahren*)
füh|ren, er/sie führt, führte
der **Füh|rer|schein**, die Führerscheine

die Füh|rung, die Führungen

füll|len, er/sie füllt, füllte

der Fül|ler, die Füller

die Fül|lung, die Füllungen

fünf

fünf|zehn

fünf|zig

der Funk *(z. B. in Form von Radio-oder Fernsehprogrammen)*

der Fun|ke, die Funken

fun|keln, er/sie funkelt, funkelte

fun|ken, er/sie funkt, funkte

die Funk|ti|on, die Funktionen

funk|ti|o|nie|ren, er/sie funktioniert, funktionierte

für

die Furcht

furcht|bar

sich fürch|ten, er/sie fürchtet sich, fürchtete sich

fürch|ter|lich

der Fuß, die Füße

der Fuß|ball, die Fußbälle

der Fuß|ball|platz, die Fußballplätze

der Fuß|bo|den, die Fußböden

der Fuß|gän|ger, die Fußgänger

die Fuß|gän|ge|rin, die Fußgängerinnen

das Fut|ter

füt|tern, er/sie füttert, fütterte

G

sie gab (→ geben)

sie gab an (→ angeben)

er gab auf (→ aufgeben)

sie gab nach (→ nachgeben)

die Ga|bel, die Gabeln

der Gag, die Gags *(englisches Wort für witziger Einfall)*

gäh|nen, er/sie gähnt, gähnte

der Ga|lopp, die Galopps

es galt (→ gelten)

der Game|boy, die Gameboys *(ein elektronisches Spielgerät)*

der Gang, die Gänge

der Gangs|ter, die Gangster *(englisches Wort für Verbrecher)*

die Gans, die Gänse

das **Gän|se|blüm|chen,**
　　die Gänseblümchen

ganz, ganze, ganzer

gar nichts

die **Ga|ra|ge,** die Garagen

die **Gar|di|ne,** die Gardinen

das **Garn,** die Garne

der **Gar|ten,** die Gärten

der **Gärt|ner,** die Gärtner

die **Gärt|ne|rei,** die Gärtnereien

die **Gärt|ne|rin,**
　　die Gärtnerinnen

das **Gas,** die Gase

der **Gast,** die Gäste

das **Ge|bäu|de,** die Gebäude

ge|ben, er/sie gibt, gab

das **Ge|bet,** die Gebete

ge|be|ten (→ bitten)

das **Ge|biet,** die Gebiete

das **Ge|bir|ge,** die Gebirge

das **Ge|biss,** die Gebisse

ge|bis|sen (→ beißen)

ge|blie|ben (→ bleiben)

ge|bo|gen (→ biegen)

ge|bracht (→ bringen)

ge|brannt (→ brennen)

ge|bro|chen (→ brechen)

ge|bun|den (→ binden)

die **Ge|burt,** die Geburten

der **Ge|burts|tag,**
　　die Geburtstage

das **Ge|büsch,** die Gebüsche

ge|dacht (→ denken)

das **Ge|dächt|nis,**
　　die Gedächtnisse

der **Ge|dan|ke,** die Gedanken

das **Ge|dicht,** die Gedichte

die **Ge|duld**

ge|dul|dig

ge|durft (→ dürfen)

die **Ge|fahr,** die Gefahren

ge|fähr|lich

ge|fal|len, er/sie gefällt,
　　gefiel

es **ge|fällt** (→ gefallen)

das **Ge|fäng|nis,**
　　die Gefängnisse

das **Ge|fäß,** die Gefäße

es **ge|fiel** (→ gefallen)

ge|flo|gen (→ fliegen)

ge|flo|hen (→ fliehen)

ge|flos|sen (→ fließen)

ge|fro|ren (→ frieren)

das **Ge|fühl,** die Gefühle

ge|fun|den (→ finden)

ge|gan|gen (→ gehen)

ge|gen

der **Ge|gen|satz,** die Gegensätze

der Ge|gen|stand,
die Gegenstände

das Ge|gen|teil,
die Gegenteile

ge|gen|über

die Ge|gen|wart

der Geg|ner, die Gegner

die Geg|ne|rin,
die Gegnerinnen

ge|gol|ten (→ gelten)

ge|gos|sen (→ gießen)

ge|grif|fen (→ greifen)

ge|habt (→ haben)

das Ge|halt, die Gehälter

ge|han|gen (→ hängen)

das Ge|häu|se, die Gehäuse

das Ge|he|ge, die Gehege

ge|heim

das Ge|heim|nis,
die Geheimnisse

ge|hen, er/sie geht, ging

das Ge|hirn, die Gehirne

die Ge|hirn|er|schüt|te|rung,
die Gehirnerschütterungen

ge|ho|ben (→ heben)

ge|hol|fen (→ helfen)

das Ge|hör

ge|hor|chen,
er/sie gehorcht, gehorchte

ge|hö|ren, er/sie gehört,
gehörte

der Ge|hor|sam

ge|hor|sam

der Gei|er, die Geier

die Gei|ge, die Geigen

der Geist, die Geister

die Geis|ter|bahn,
die Geisterbahnen

gei|zig (↔ freigebig)

der Geiz|kra|gen,
die Geizkragen

ge|kannt (→ kennen)

ge|klun|gen (→ klingen)

ge|konnt (→ können)

ge|kro|chen (→ kriechen)

das Gel, die Gels

das Ge|län|de

das Ge|län|der, die Geländer

es ge|lang (→ gelingen)

gelb

das Geld, die Gelder

ge|le|gen (→ liegen)

die Ge|le|gen|heit,
die Gelegenheiten

das Ge|lenk, die Gelenke

ge|lie|hen (→ leihen)

ge|lin|gen, es gelingt,
gelang

ge|lit|ten (→ leiden)
ge|lo|gen (→ lügen)
gel|ten, es gilt, galt
ge|lun|gen (→ gelingen)
das Ge|mäl|de, die Gemälde
ge|mein
die Ge|mein|de, die Gemeinden
die Ge|mein|heit,
    die Gemeinheiten
ge|mein|sam
die Ge|mein|schaft,
    die Gemeinschaften
ge|mocht (→ mögen)
das Ge|mü|se
ge|musst (→ müssen)
ge|müt|lich
ge|nannt (→ nennen)
ge|nau
ge|nau|so
die Ge|ne|ra|ti|on,
    die Generationen
das Ge|nick, die Genicke
ge|nie|ßen, er/sie genießt,
    genoss
der Ge|ni|tiv (2. Fall, Wesfall)
ge|nom|men (→ nehmen)
sie ge|noss (→ genießen)
ge|nos|sen (→ genießen)
ge|nug

ge|nü|gend
die Geo|gra|fie (Erdkunde)
die Geo|met|rie (Geo|me|trie)
das Ge|päck
ge|pfif|fen (→ pfeifen)
ge|ra|de
ge|rannt (→ rennen)
er ge|rät (→ geraten)
das Ge|rät, die Geräte
ge|ra|ten, er/sie gerät, geriet
das Ge|räusch, die Geräusche
ge|recht
die Ge|rech|tig|keit
das Ge|richt, die Gerichte
ge|rie|ben (→ reiben)
sie ge|riet (→ geraten)
ge|ring
ge|rin|gelt
ge|ris|sen (→ reißen)
ge|rit|ten (→ reiten)
gern
ge|ro|chen (→ riechen)
der Ge|ruch, die Gerüche
ge|sandt (→ senden)
der Ge|sang, die Gesänge
das Ge|schäft, die Geschäfte
es ge|schah (→ geschehen)
ge|sche|hen,
    es geschieht, geschah

das Ge|schenk, die Geschenke
die Ge|schich|te,
die Geschichten
ge|schickt
es ge|schieht (→ geschehen)
ge|schie|nen (→ scheinen)
das Ge|schirr
das Ge|schlecht,
die Geschlechter
ge|schli|chen
(→ schleichen)
ge|schlos|sen
(→ schließen)
der Ge|schmack,
die Geschmäcker
ge|schmis|sen
(→ schmeißen)
ge|schmol|zen
(→ schmelzen)
ge|schnit|ten
(→ schneiden)
ge|scho|ben (→ schieben)
ge|schos|sen (→ schießen)
das Ge|schrei
ge|schrie|ben
(→ schreiben)
ge|schrien (→ schreien)
ge|schwie|gen
(→ schweigen)

die Ge|schwin|dig|keit,
die Geschwindigkeiten
die Ge|schwis|ter
ge|schwom|men
(→ schwimmen)
ge|schwo|ren (→ schwören)
ge|schwun|gen
(→ schwingen)
ge|sel|lig
die Ge|sell|schaft,
die Gesellschaften
ge|ses|sen (→ sitzen)
das Ge|setz, die Gesetze
ge|setz|lich
das Ge|sicht, die Gesichter
das Ge|spenst, die Gespenster
ge|spens|tisch
ge|spon|nen (→ spinnen)
das Ge|spräch, die Gespräche
ge|spro|chen (→ sprechen)
ge|sprun|gen (→ springen)
die Ge|stalt, die Gestalten
ge|stan|den (→ stehen)
der Ge|stank
ges|tern
ge|stie|gen (→ steigen)
ge|sto|chen (→ stechen)
ge|stoh|len (→ stehlen)
ge|stor|ben (→ sterben)

A
B
C
D
E
F
G
H
I
J
K
L
M
N
O
P
Q
R
S
T
U
V
W
X
Y
Z

ge|stri|chen (→ streichen)
ge|strit|ten (→ streiten)
ge|stun|ken (→ stinken)
ge|sund, gesünder,
  am gesündesten (↔ krank)
die Ge|sund|heit
ge|sun|gen (→ singen)
ge|sun|ken (→ sinken)
ge|tan (→ tun)
das Ge|tränk, die Getränke
das Ge|trei|de
ge|trie|ben (→ treiben)
ge|trof|fen (→ treffen)
ge|trun|ken (→ trinken)
das Ge|wächs, die Gewächse
die Ge|walt
sie ge|wann (→ gewinnen)
das Ge|wäs|ser, die Gewässer
das Ge|wehr, die Gewehre
das Ge|weih, die Geweihe
ge|we|sen (→ sein)
das Ge|wicht, die Gewichte
ge|win|nen, er/sie gewinnt,
  gewann
das Ge|wis|sen
das Ge|wit|ter, die Gewitter
ge|wo|gen (→ wiegen)
ge|wohnt
ge|won|nen (→ gewinnen)

ge|wor|ben (→ werben)
ge|wor|den (→ werden)
ge|wor|fen (→ werfen)
das Ge|würz, die Gewürze
ge|wusst (→ wissen)
die Ge|zei|ten (Ebbe und Flut)
ge|zo|gen (→ ziehen)
ge|zwun|gen (→ zwingen)
er gibt (→ geben)
er gibt an (→ angeben)
sie gibt auf (→ aufgeben)
er gibt nach (→ nachgeben)
die Gier
gie|rig (↔ bescheiden)
gie|ßen, er/sie gießt, goss
die Gieß|kan|ne,
  die Gießkannen
das Gift, die Gifte
gif|tig
es gilt (→ gelten)
sie ging (→ gehen)
sie ging vor (→ vorgehen)
er ging weg (→ weggehen)
der Gip|fel, die Gipfel
der Gips, die Gipse
die Gi|raf|fe, die Giraffen
die Gir|lan|de, die Girlanden
die Gi|tar|re, die Gitarren
das Git|ter, die Gitter

der **Glanz**

glän|zen, es glänzt, glänzte

das **Glas**, die Gläser

glatt (↔ rau)

die **Glat|ze**, die Glatzen

der **Glau|be**

glau|ben, er/sie glaubt, glaubte

gleich

das **Gleich|ge|wicht**

gleich|gül|tig

gleich|zei|tig

der **Glet|scher**, die Gletscher

das **Glied**, die Glieder

glit|zern, er/sie glitzert, glitzerte

der **Glo|bus**, die Globen (verkleinerte Nachbildung der Erdkugel)

die **Glo|cke**, die Glocken

das **Glück**

glück|lich

glü|hen, es glüht, glühte

die **Glut**

die **Gna|de**, die Gnaden

gnä|dig

das **Gold**

gol|den

der **Gold|fisch**, die Goldfische

das **Golf** (eine Sportart)

der **Go|ril|la**, die Gorillas

er **goss** (→ gießen)

der **Gott**, die Götter

das **Grab**, die Gräber

der **Gra|ben**, die Gräben

gra|ben, er/sie gräbt, grub

der **Grab|stein**, die Grabsteine

sie **gräbt** (→ graben)

das **Grad** (Temperatureinheit, z. B. 3 Grad Celcius)

das **Gramm** (z. B. 5 Gramm)

die **Gram|ma|tik** (Aufbau von Wörtern, Sätzen und Texten)

das **Gras**, die Gräser

gra|tis (umsonst, ohne Bezahlung)

die **Gra|tu|la|ti|on**, die Gratulationen (Beglückwünschung)

gra|tu|lie|ren, er/sie gratuliert, gratulierte

grau

grau|en|haft

grau|sam

die **Grau|sam|keit**, die Grausamkeiten

grei|fen, er/sie greift, griff

der **Greis,** die Greise
(sehr alter Mann)

die **Grei|sin,** die Greisinnen
(sehr alte Frau)

die **Gren|ze,** die Grenzen

Grie|chen|land

grie|chisch

der **Grieß**

er **griff** (→ greifen)

sie **griff an** (→ angreifen)

der **Griff,** die Griffe

der **Grill,** die Grills

die **Gril|le,** die Grillen

gril|len, er/sie grillt,
grillte

die **Gri|mas|se,**
die Grimassen

grin|sen, er/sie grinst,
grinste

die **Grip|pe**

grob, gröber, am gröbsten

groß, größer, am größten

Groß|bri|tan|ni|en

die **Groß|el|tern**

er **grub** (→ graben)

grü|beln, er/sie grübelt,
grübelte

grün

der **Grund,** die Gründe

grün|den, er/sie gründet,
gründete

die **Grund|schu|le,**
die Grundschulen

das **Grund|stück,**
die Grundstücke

grun|zen, es grunzt, grunzte

die **Grup|pe,** die Gruppen

gru|se|lig

der **Gruß,** die Grüße

Grüß Gott *(landsch. für*
Guten Tag)

grü|ßen, er/sie grüßt, grüßte

gu|cken, er/sie guckt, guckte

gül|tig

das **Gum|mi|bär|chen,**
die Gummibärchen

gur|geln, er/sie gurgelt,
gurgelte

die **Gur|ke,** die Gurken

der **Gür|tel,** die Gürtel

gut, besser, am besten
(↔ schlecht, böse)

die **Gü|te**

gü|tig

das **Gym|na|si|um,**
die Gymnasien

die **Gym|nas|tik**
(Turnübungen)

H

das **Haar,** die Haare

ha|ben, er/sie hat, hatte

ha|cken, er/sie hackt, hackte

der **Ha|cker,** die Hacker *(Mensch, der beruflich oder illegal in fremde Computersysteme eindringt)*

der **Ha|fen,** die Häfen

der **Ha|fer**

die **Ha|fer|flo|cke,** die Haferflocken

die **Haft**

der **Häft|ling,** die Häftlinge

der **Ha|gel**

ha|geln, es hagelt, hagelte

der **Hahn,** die Hähne

der **Hai,** die Haie

der **Ha|ken,** die Haken

halb

hal|be, halber, halbes

hal|bie|ren, er/sie halbiert, halbierte

sie **half** (→ helfen)

die **Hälf|te,** die Hälften

die **Hal|le,** die Hallen

hal|lo *(Ausruf zur Begrüßung)*

das **Hal|lo|ween**

der **Hals,** die Hälse

er **hält** (→ halten)

sie **hält an** (→ anhalten)

halt|bar

hal|ten, er/sie hält, hielt

die **Hal|te|stel|le,** die Haltestellen

Ham|burg

der **Ham|bur|ger,** die Hamburger

der **Ham|mer,** die Hämmer

der **Hams|ter,** die Hamster

die **Hand,** die Hände

han|deln, er/sie handelt, handelte

die **Hand|lung,** die Handlungen

der **Hand|stand**

das **Hand|tuch,** die Handtücher

der **Hand|wer|ker,** die Handwerker

die **Hand|wer|ke|rin,** die Handwerkerinnen

das **Han|dy,** die Handys *(Mobiltelefon)*

der **Hang,** die Hänge

hän|gen, es hängt, hing

hap|py *(englisches Wort für glücklich)*

die Hard|ware *(Sammelbegriff für die elektronischen Bauteile eines Computers, zu denen z. B. die Festplatte gehört)*

die Har|ke, die Harken

har|ken, er/sie harkt, harkte

hart, härter, am härtesten *(↔ weich)*

die Här|te, die Härten

der Ha|se, die Hasen

die Ha|sel|nuss, die Haselnüsse

der Hass

has|sen, er/sie hasst, hasste

häss|lich *(↔ schön)*

die Hast *(Eile)*

has|ten, er/sie hastet, hastete

er hat *(→ haben)*

sie hat|te *(→ haben)*

der Hau|fen, die Haufen

häu|fig *(↔ selten)*

das Haupt, die Häupter

der Häupt|ling, die Häuptlinge

die Haupt|sa|che

die Haupt|schu|le, die Hauptschulen *(eine Schulform der weiterführenden Schule)*

die Haupt|stadt, die Hauptstädte

das Haus, die Häuser

die Haus|auf|ga|be, die Hausaufgaben

der Haus|halt, die Haushalte

der Haus|meis|ter, die Hausmeister

die Haus|meis|te|rin, die Hausmeisterinnen

das Haus|tier, die Haustiere

die Haut, die Häute

der He|bel, die Hebel

he|ben, er/sie hebt, hob

die He|cke, die Hecken

das Heer, die Heere

die Hel|fe

das Heft, die Hefte

der Hef|ter, die Hefter

hef|tig

heil *(↔ zerstört)*

hei|len, er/sie heilt, heilte

hei|lig

Hei|lig|abend

das Heim, die Heime

die **Hei|mat**

heim|lich

das **Heim|weh**

hei|ra|ten, er/sie heiratet, heiratete

hei|ser

heiß (↔ kalt)

hei|ßen, er/sie heißt, hieß

hei|zen, er/sie heizt, heizte

die **Hei|zung,** die Heizungen

der **Held,** die Helden

die **Hel|din,** die Heldinnen

hel|fen, er/sie hilft, half

hell (↔ dunkel, duster)

der **Helm,** die Helme

das **Hemd,** die Hemden

der **Hengst,** die Hengste

die **Hen|ne,** die Hennen

her

he|rab (her|ab)

he|ran (her|an)

he|rauf (her|auf)

he|raus (her|aus)

her|bei

der **Herbst,** die Herbste

herbst|lich

der **Herd,** die Herde

die **Her|de,** die Herden

he|rein (her|ein)

der **He|ring,** die Heringe

der **Herr,** die Herren

herr|lich

herr|schen, er/sie herrscht, herrschte

der **Herr|scher,** die Herrscher

die **Herr|sche|rin,** die Herrscherinnen

her|stel|len, er/sie stellt her, stellte her

die **Her|stel|lung**

he|rum (her|um)

he|run|ter (her|un|ter)

her|vor

das **Herz,** die Herzen

herz|lich

Hes|sen

die **Het|ze**

het|zen, er/sie hetzt, hetzte

das **Heu**

heu|len, er/sie heult, heulte

heu|te

die **He|xe,** die Hexen

he|xen, er/sie hext, hexte

hi (Ausruf zur Begrüßung)

er **hielt** (→ halten)

sie **hielt an** (→ anhalten)

hier

er **hieß** (→ heißen)

die **Hil|fe,** die Hilfen

sie **hilft** (→ helfen)

die **Him|bee|re,** die Himbeeren

der **Him|mel,** die Himmel

himm|lisch (↔ irdisch)

hin

hi|naus (hin|aus)

das **Hin|der|nis,**
die Hindernisse

der **Hin|du|is|mus**
(eine Religion)

hi|nein (hin|ein)

hin|fal|len, er/sie fällt hin,
fiel hin

er **hing** (→ hängen)

hin|le|gen, er/sie legt hin,
legte hin

sich **hin|set|zen,**
er/sie setzt sich hin,
setzte sich hin

hin|stel|len, er/sie stellt hin,
stellte hin

hin|ten

hin|ter

der **Hin|ter|grund,**
die Hintergründe

hin|ter|her

der **Hin|tern,** die Hintern

hi|nü|ber (hin|ü|ber)

hin|zu

der **Hirsch,** die Hirsche

die **Hit|ze**

er **hob** (→ heben)

das **Hob|by,** die Hobbys
*(englisches Wort für
Freizeitbeschäftigung)*

hoch, höher, am höchsten
(↔ niedrig)

die **Hoch|zeit,** die Hochzeiten

ho|cken, er/sie hockt, hockte

der **Ho|cker,** die Hocker

der **Ho|den,** die Hoden

der **Hof,** die Höfe

hof|fen, er/sie hofft, hoffte

hof|fent|lich

die **Hoff|nung,** die Hoffnungen

die **Höf|lich|keit**

die **Hö|he,** die Höhen

hohl

die **Höh|le,** die Höhlen

ho|len, er/sie holt, holte

die **Höl|le**

das **Holz,** die Hölzer

die **Home|page,**
die Homepages *(im Internet
aufrufbare Seite)*

der **Ho|nig,** die Honige

hop|sen, er/sie hopst, hopste

hö|ren, er/sie hört, hörte
der Ho|ri|zont, die Horizonte
das Horn, die Hörner
das Ho|ros|kop (Ho|ro|skop), die Horoskope (Versuch einer Zukunftsvoraussage anhand der Stellung der Planeten)
die Ho|se, die Hosen
das Ho|tel, die Hotels
hübsch
der Hub|schrau|ber, die Hubschrauber
der Huf, die Hufe
das Huf|ei|sen, die Hufeisen
die Hüf|te, die Hüften
der Hü|gel, die Hügel
das Huhn, die Hühner
die Hül|le, die Hüllen
die Hum|mel, die Hummeln
hum|peln, er/sie humpelt, humpelte
der Hund, die Hunde
hun|dert, hunderte
der Hun|ger
hung|rig (↔ satt)
die Hu|pe, die Hupen
hu|pen, er/sie hupt, hupte
hüp|fen, er/sie hüpft, hüpfte

der Hus|ten
hus|ten, er/sie hustet, hustete
der Hut, die Hüte
die Hüt|te, die Hütten

I

der ICE, die ICEs (Abkürzung für Intercityexpresszug)
ich
ide|al
die Idee, die Ideen
der Idi|ot, die Idioten
idi|o|tisch
der Igel, die Igel
das Ig|lu, die Iglus
ihm
ihn
ih|nen
ihr
ih|re, ihrer, ihres
die Il|lus|tra|ti|on (Il|lust|ra|ti|on), die Illustrationen
der Il|lus|tra|tor (Il|lust|ra|tor), die Illustratoren

die **Il|lus|tra|to|rin**
(Il|lust|ra|to|rin),
die Illustratorinnen

der **Il|tis**, die Iltisse

im

der **Im|ker**, die Imker

die **Im|ke|rin**, die Imkerinnen

im|mer

imp|fen, er/sie impft,
impfte

die **Imp|fung**, die Impfungen

in

die **In|dus|trie** (In|dust|rie),
die Industrien

die **In|fek|ti|on**, die Infektionen
(Ansteckung mit einer
Krankheit)

die **In|for|ma|ti|on**,
die Informationen

in|for|mie|ren,
er/sie informiert, informiert

der **In|ge|ni|eur**, die Ingenieure

die **In|ge|ni|eu|rin**,
die Ingenieurinnen

der **In|halt**, die Inhalte

der **In|li|ner**, die Inliner

in|nen

in|ner|halb

ins

das **In|sekt**, die Insekten

die **In|sel**, die Inseln

ins|ge|samt

das **Ins|tru|ment**
(In|stru|ment),
die Instrumente

in|tel|li|gent

die **In|tel|li|genz**

in|te|res|sant
(in|ter|es|sant)
(↔ langweilig)

das **In|te|res|se** (In|ter|es|se),
die Interessen

in|ter|na|ti|o|nal

das **In|ter|net** (weltweites
Computernetzwerk)

das **In|ter|view**, die Interviews
(Befragung einer Person,
z. B. durch einen Reporter)

die **Inu|it** (Bewohner der Arktis;
übersetzt heißt das Wort
„Menschen")

in|zwi|schen

ir|gend|et|was

ir|gend|wann

ir|gend|wie

ir|gend|wo

irisch

Ir|land

sich **ir|ren,** er/sie irrt sich,
irrte sich

der **Irr|tum,** die Irrtümer

der **Is|lam** (eine Religion)

sie **isst** (→ essen)

sie **ist** (→ sein)

Ita|li|en

ita|li|e|nisch

J

ja

die **Ja|cke,** die Jacken

die **Jagd,** die Jagden

ja|gen, er/sie jagt, jagte

der **Jä|ger,** die Jäger

die **Jä|ge|rin,** die Jägerinnen

das **Jahr,** die Jahre

das **Jahr|hun|dert,**
die Jahrhunderte

jähr|lich

der **Jahr|markt,** die Jahrmärkte

das **Jahr|tau|send,**
die Jahrtausende

das **Jahr|zehnt,** die Jahrzehnte

der **Jam|mer**

jäm|mer|lich

jam|mern, er/sie jammert,
jammerte

der **Ja|nu|ar**

Ja|pan

ja|pa|nisch

ja|wohl

der **Jazz** (eine Musikrichtung)

die **Jeans,** die Jeans

je|de, jeder, jedes

je|den|falls

je|doch

der **Jeep,** die Jeeps
(ein Geländewagen)

je|mand, jemanden

Je|sus (Sohn Gottes im
Christentum)

jetzt

der **Job,** die Jobs
(englisches Wort für Arbeit,
Arbeitsstelle)

jo|deln, er/sie jodelt,
jodelte

jog|gen, er/sie joggt,
joggte

der **Jo|ghurt,** die Joghurts

die **Jo|han|nis|bee|re,**
die Johannisbeeren

jong|lie|ren, er/sie jongliert,
jonglierte

A
B
C
D
E
F
G
H
I
J
K
L
M
N
O
P
Q
R
S
T
U
V
W
X
Y
Z

der **Jour|na|list,**
die Journalisten *(Mann,*
der beruflich für die Presse
schreibt, z.B. für eine Zeitung
oder das Fernsehen)

die **Jour|na|lis|tin,**
die Journalistinnen

ju|beln, er/sie jubelt,
jubelte

ju|cken, er/sie juckt,
juckte

der **Ju|de,** die Juden

das **Ju|den|tum** *(eine Religion)*

die **Jü|din,** die Jüdinnen

das **Ju|do** *(eine Sportart)*

die **Ju|gend**

die **Ju|gend|her|ber|ge,**
die Jugendherbergen

ju|gend|lich

der **Ju|gend|li|che,**
die Jugendlichen

die **Ju|gend|li|che,**
die Jugendlichen

die **Ju|gend|wei|he,**
die Jugendweihen *(feierliche*
Veranstaltung beim Über-
gang der Jugendlichen in das
Erwachsenenleben)

der **Ju|li**

jung, jünger, am jüngsten
(↔ alt)

der **Jun|ge,** die Jungen

der **Ju|ni**

die **Ju|ry,** die Jurys

das **Ju|wel,** die Juwelen

K

das **Ka|bel,** die Kabel

die **Ka|bi|ne,** die Kabinen

die **Ka|chel,** die Kacheln

der **Kä|fer,** die Käfer

der **Kaf|fee,** die Kaffees

der **Kä|fig,** die Käfige

kahl

der **Kahn,** die Kähne

der **Kai|ser,** die Kaiser

die **Kai|se|rin,** die Kaiserinnen

der **Ka|kao,** die Kakaos

der **Kak|tus,** die Kakteen

das **Kalb,** die Kälber

der **Ka|len|der,** die Kalender

der **Kalk**

kalt, kälter, am kältesten
(↔ warm)

die **Käl|te**

er **kam** (→ kommen)

das **Ka|mel**, die Kamele

die **Ka|me|ra**, die Kameras

der **Ka|me|rad**, die Kameraden

die **Ka|me|ra|din**,
die Kameradinnen

der **Ka|min**, die Kamine

der **Kamm**, die Kämme
käm|men, er/sie kämmt,
kämmte

die **Kam|mer**, die Kammern

der **Kampf**, die Kämpfe
kämp|fen, er/sie kämpft,
kämpfte

der **Ka|nal**, die Kanäle

der **Ka|na|ri|en|vo|gel**,
die Kanarienvögel

das **Kän|gu|ru**, die Kängurus

das **Ka|nin|chen**, die Kaninchen

der **Ka|nis|ter**, die Kanister

sie **kann** (→ können)

die **Kan|ne**, die Kannen

er **kann|te** (→ kennen)

der **Ka|non**, die Kanons

die **Ka|no|ne**, die Kanonen

die **Kan|te**, die Kanten

der **Kanz|ler**, die Kanzler

die **Kanz|le|rin**,
die Kanzlerinnen

die **Ka|pel|le**, die Kapellen
ka|pie|ren, er/sie kapiert,
kapierte

der **Ka|pi|tän**, die Kapitäne

die **Ka|pi|tä|nin**, die Kapitäninnen

das **Ka|pi|tel**, die Kapitel

die **Kap|pe**, die Kappen
ka|putt (↔ heil, ganz)

die **Ka|pu|ze**, die Kapuzen

das **Ka|ra|te** (japanische
Kampfform, bei der es um
waffenlose Selbstverteidigung
geht)

der **Kar|frei|tag**, die Karfreitage
ka|riert

der **Ka|ri|es** (Zahnkrankheit)

der **Kar|ne|val**, die Karnevals
(Fasching)

die **Ka|rot|te**, die Karotten (gelbe
Rübe)

der **Karp|fen**, die Karpfen

die **Kar|re**, die Karren

die **Kar|te**, die Karten

die **Kar|tof|fel**, die Kartoffeln

der **Kar|ton**, die Kartons

das **Ka|rus|sell**, die Karussells/
Karusselle

der **Kä|se**

der **Kas|per**, die Kasper

A
B
C
D
E
F
G
H
I
J
K
L
M
N
O
P
Q
R
S
T
U
V
W
X
Y
Z

die **Kas|se**, die Kassen

die **Kas|set|te**, die Kassetten

der **Kas|set|ten|re|kor|der**,
die Kassettenrekorder

die **Kas|ta|nie**, die Kastanien

der **Ka|ta|log**, die Kataloge

der **Ka|ta|ly|sa|tor**,
die Katalysatoren
(Gerät zur Abgasreinigung
beim Auto)

die **Ka|tas|tro|phe**
(**Ka|ta|stro|phe**),
die Katastrophen
(ein großes Unglück)

der **Ka|ter**, die Kater

ka|tho|lisch

die **Kat|ze**, die Katzen

kau|en, er/sie kaut, kaute

kau|fen, er/sie kauft,
kaufte

der **Kau|gum|mi**,
die Kaugummis

die **Kaul|quap|pe**,
die Kaulquappen

kaum

der **Ke|gel**, die Kegel

ke|geln, er/sie kegelt, kegelte

keh|ren, er/sie kehrt, kehrte

der **Keil**, die Keile

kei|men, es keimt, keimte

kein, keine, keiner

der **Keks**, die Kekse

der **Kel|ler**, die Keller

der **Kell|ner**, die Kellner

die **Kell|ne|rin**, die Kellnerinnen

ken|nen, er/sie kennt,
kannte

der **Kerl**, die Kerle

der **Kern**, die Kerne

die **Ker|ze**, die Kerzen

der **Kes|sel**, die Kessel

der **Ket|chup**, das Ketchup,
die Ketchups

die **Ket|te**, die Ketten

keu|chen, er/sie keucht,
keuchte

das **Key|board**, die Keyboards
(ein elektronisches
Tasteninstrument)

ki|chern, er/sie kichert,
kicherte

der **Kie|fer**, die Kiefer
(ein Schädelknochen)

die **Kie|fer**, die Kiefern
(ein Nadelbaum)

der **Kies**

das **Ki|lo|gramm**
(z. B. 5 Kilogramm)

der **Ki|lo|me|ter**
(z. B. 20 Kilometer)

das **Kind,** die Kinder

der **Kin|der|gar|ten,**
die Kindergärten

das **Kin|der|zim|mer,**
die Kinderzimmer

kind|lich

das **Kinn,** die Kinne

das **Ki|no,** die Kinos

der **Ki|osk,** die Kioske

kip|pen, er/sie kippt, kippte

die **Kir|che,** die Kirchen

die **Kir|sche,** die Kirschen

das **Kis|sen,** die Kissen

die **Kis|te,** die Kisten

kit|zeln, es kitzelt, kitzelte

die **Kla|ge,** die Klagen

kla|gen, er/sie klagt, klagte

der **Klä|ger,** die Kläger

die **Klä|ge|rin,** die Klägerinnen

die **Klam|mer,** die Klammern

klam|mern,
er/sie klammert, klammerte

sie **klang** (→ klingen)

die **Klap|pe,** die Klappen

klap|pen, es klappt, klappte

klap|pern, er/sie klappert,
klapperte

der **Klaps,** die Klapse

klar

die **Klär|an|la|ge,**
die Kläranlagen

klä|ren, er/sie klärt, klärte

die **Klar|heit**

die **Klas|se,** die Klassen

die **Klas|sen|fahrt,**
die Klassenfahrten

der **Klas|sen|ka|me|rad,**
die Klassenkameraden

die **Klas|sen|ka|me|ra|din,**
die Klassenkameradinnen

der **Klas|sen|leh|rer,**
die Klassenlehrer

die **Klas|sen|leh|re|rin,**
die Klassenlehrerinnen

der **Klas|sen|raum,**
die Klassenräume

der **Klas|sen|spre|cher,**
die Klassensprecher

die **Klas|sen|spre|che|rin,**
die Klassensprecherinnen

klat|schen, er/sie klatscht,
klatschte

klau|en, er/sie klaut, klaute

das **Kla|vier,** die Klaviere

kle|ben, er/sie klebt, klebte

der **Kleb|stoff,** die Klebstoffe

A B C D E F G H I J **K** L M N O P Q R S T U V W X Y Z

A
B
C
D
E
F
G
H
I
J
K
L
M
N
O
P
Q
R
S
T
U
V
W
X
Y
Z

kle|ckern, er/sie kleckert, kleckerte

der **Klecks**, die Kleckse

der **Klee**

das **Klee|blatt**, die Kleeblätter

das **Kleid**, die Kleider

der **Klei|der|schrank**, die Kleiderschränke

klein (↔ groß)

die **Klei|nig|keit**, die Kleinigkeiten

klem|men, er/sie klemmt, klemmte

die **Klet|te**, die Kletten

klet|tern, er/sie klettert, kletterte

das **Kli|ma**

die **Klin|gel**, die Klingeln

klin|geln, er/sie klingelt, klingelte

klin|gen, er/sie klingt, klang

die **Kli|nik**, die Kliniken

die **Klin|ke**, die Klinken

die **Klip|pe**, die Klippen

klir|ren, es klirrt, klirrte

das **Klo**, die Klos

klop|fen, er/sie klopft, klopfte

der **Kloß**, die Klöße (Knödel)

das **Klos|ter**, die Klöster

der **Klotz**, die Klötze

klug, klüger, am klügsten (↔ dumm)

die **Klug|heit**

knab|bern, er/sie knabbert, knabberte

das **Knä|cke|brot**, die Knäckebrote

kna|cken, er/sie knackt, knackte

der **Knall**, die Knalle

knal|len, er/sie knallt, knallte

der **Knecht**, die Knechte

die **Kne|te**

kne|ten, er/sie knetet, knetete

kni|cken, er/sie knickt, knickte

der **Knicks**, die Knickse

das **Knie**, die Knie

knir|schen, er/sie knirscht, knirschte

knis|tern, es knistert, knisterte

der **Knob|lauch**

der **Kno|chen**, die Knochen

der **Knopf**, die Knöpfe

die **Knos|pe**, die Knospen

der **Kno|ten**, die Knoten

der **Koch,** die Köche

ko|chen, er/sie kocht, kochte

die **Kö|chin,** die Köchinnen

der **Kof|fer,** die Koffer

der **Kohl**

die **Koh|le,** die Kohlen

die **Ko|kos|nuss,**

die Kokosnüsse

ko|misch

das **Kom|ma,** die Kommas

(ein Satzzeichen)

kom|man|die|ren,

er/sie kommandiert,

kommandierte

das **Kom|man|do,**

die Kommandos

kom|men, er/sie kommt,

kam

der **Kom|mis|sar,**

die Kommissare

die **Kom|mis|sa|rin,**

die Kommissarinnen

die **Kom|mo|de,**

die Kommoden

die **Kom|mu|ni|on,**

die Kommunionen

der **Kom|pass,** die Kompasse

kom|plett

kom|pli|ziert *(↔ einfach)*

kom|po|nie|ren,

er/sie komponiert,

komponierte

der **Kom|po|nist,**

die Komponisten

die **Kom|po|nis|tin,**

die Komponistinnen

der **Kom|post**

die **Kon|fir|ma|ti|on,**

die Konfirmationen

die **Kon|fi|tü|re,** die Konfitüren

(Marmelade

mit Fruchtstückchen)

der **Kö|nig,** die Könige

die **Kö|ni|gin,** die Königinnen

kö|nig|lich

kön|nen, er/sie kann,

konnte

er **konn|te** (→ können)

die **Kon|ser|ve,** die Konserven

die **Kon|ser|ven|büch|se,**

die Konservenbüchsen

der **Kon|so|nant,**

die Konsonanten

der **Kon|takt,** die Kontakte

der **Kon|ti|nent,** die Kontinente

(Erdteil, z. B. Afrika)

das **Kon|to,** die Konten

kon|tra *(gegen)*

die **Kon|trol|le** (Kont|rol|le),
die Kontrollen

kon|trol|lie|ren
(kont|rol|lie|ren),
er/sie kontrolliert, kontrollierte

die **Kon|zen|tra|ti|on**
(Kon|zent|ra|ti|on)

sich **kon|zen|trie|ren**
(kon|zent|rie|ren),
er/sie konzentriert sich,
konzentrierte sich

das **Kon|zert**, die Konzerte

der **Kopf**, die Köpfe

der **Kopf|hö|rer**, die Kopfhörer

die **Ko|pie**, die Kopien

ko|pie|ren, er/sie kopiert,
kopierte

der **Korb**, die Körbe

der **Kor|ken**, die Korken

der **Kör|per**, die Körper

die **Kor|rek|tur**, die Korrekturen

kor|ri|gie|ren, er/sie
korrigiert, korrigierte

kost|bar (↔ wertlos)

die **Kos|ten**

kos|ten, es kostet, kostete

das **Kos|tüm**, die Kostüme

krab|beln, er/sie krabbelt,
krabbelte

der **Krach**

kra|chen, es kracht, krachte

kräch|zen, er/sie krächzt,
krächzte

die **Kraft**, die Kräfte

kräf|tig (↔ schwach)

der **Kra|gen**, die Kragen

die **Krä|he**, die Krähen

die **Kral|le**, die Krallen

der **Kram**

kra|men, er/sie kramt,
kramte

der **Kran**, die Kräne

krank, kränker, am kränksten
(↔ gesund)

das **Kran|ken|haus**,
die Krankenhäuser

der **Kran|ken|pfle|ger**,
die Krankenpfleger

die **Kran|ken|schwes|ter**,
die Krankenschwestern

der **Kran|ken|wa|gen**,
die Krankenwagen

die **Krank|heit**,
die Krankheiten

der **Kranz**, die Kränze

der **Kra|ter**, die Krater

krat|zen, er/sie kratzt,
kratzte

das **Kraut**, die Kräuter

die **Kra|wat|te**, die Krawatten

der **Krebs**, die Krebse

die **Krei|de**, die Kreiden

der **Kreis**, die Kreise

der **Krei|sel**, die Kreisel

das **Kreuz**, die Kreuze

die **Kreu|zung**, die Kreuzungen

krie|chen, er/sie kriecht, kroch

der **Krieg**, die Kriege

krie|gen, er/sie kriegt, kriegte

der **Kri|mi**, die Krimis

die **Krip|pe**, die Krippen

Kro|a|ti|en

kro|a|tisch

sie **kroch** (→ kriechen)

das **Kro|ko|dil**, die Krokodile

der **Kro|kus**, die Krokusse

die **Kro|ne**, die Kronen

die **Krö|te**, die Kröten

die **Krü|cke**, die Krücken

der **Krug**, die Krüge

krumm (↔ gerade)

die **Krus|te**, die Krusten

die **Kü|che**, die Küchen

der **Ku|chen**, die Kuchen

der **Ku|ckuck**, die Kuckucke

die **Ku|gel**, die Kugeln

der **Ku|gel|schrei|ber**, die Kugelschreiber

die **Kuh**, die Kühe

kühl

küh|len, er/sie kühlt, kühlte

der **Kühl|schrank**, die Kühlschränke

das **Kü|ken**, die Küken

die **Kul|tur**, die Kulturen

der **Kum|mer**

sich **küm|mern**, er/sie kümmert sich, kümmerte sich

die **Kunst**, die Künste

der **Künst|ler**, die Künstler

die **Künst|le|rin**, die Künstlerinnen

künst|le|risch

der **Kunst|stoff**, die Kunststoffe

das **Kunst|stück**, die Kunststücke

kunst|voll

das **Kunst|werk**, die Kunstwerke

das **Kup|fer** (ein Metall)

der **Kür|bis**, die Kürbisse

die **Kur|ve**, die Kurven

A
B
C
D
E
F
G
H
I
J
K
L
M
N
O
P
Q
R
S
T
U
V
W
X
Y
Z

kurz, kürzer, am kürzesten
(↔ lang)

der Kurz|schluss,
die Kurzschlüsse

ku|scheln, er/sie kuschelt,
kuschelte

die Kusine, die Kusinen

der Kuss, die Küsse

küs|sen, er/sie küsst, küsste

die Kut|sche, die Kutschen

kut|schie|ren,
er/sie kutschiert, kutschierte

L

das La|bor, die Labors

das La|by|rinth, die Labyrinthe
(Irrgarten)

lä|cheln, er/sie lächelt,
lächelte

la|chen, er/sie lacht, lachte

der Lachs, die Lachse

der Lack, die Lacke

la|ckie|ren, er/sie lackiert,
lackierte

der La|den, die Läden

la|den, er/sie lädt, lud

er lädt (→ laden)

sie lädt ein (→ einladen)

er lag (→ liegen)

das La|ger, die Lager

lahm

der Laib, die Laibe
(z. B. der Brotlaib)

der Laich (Eier von Wassertieren,
z. B. Fröschen)

das La|ma, die Lamas

das La|met|ta

das Lamm, die Lämmer

die Lam|pe, die Lampen

das Land, die Länder

lan|den, er/sie landet,
landete

die Land|schaft,
die Landschaften

die Lan|dung, die Landungen

der Land|wirt, die Landwirte

die Land|wir|tin,
die Landwirtinnen

die Land|wirt|schaft

lang, länger, am längsten
(↔ kurz)

die Lan|ge|wei|le

lang|sam (↔ schnell)

längst

lang|wei|lig (↔ interessant)

der Lap|pen, die Lappen

der Lap|top, die Laptops
(tragbarer kleiner Computer)

die Lär|che, die Lärchen
(Nadelbaum)

der Lärm

die Lar|ve, die Larven

sie las (→ lesen)

er las vor (→ vorlesen)

der La|ser, die Laser

der La|ser|dru|cker,
die Laserdrucker (Drucker,
der mit Lasertechnik arbeitet)

las|sen, er/sie lässt, ließ

läs|sig

das Las|so, die Lassos

sie lässt (→ lassen)

er lässt los (→ loslassen)

läs|tern, er/sie lästert,
lästerte

der Last|wa|gen, die Lastwagen

das La|tein

la|tei|nisch

die La|ter|ne, die Laternen

das Laub

der Laub|baum, die Laubbäume

lau|ern, er/sie lauert, lauerte

lau|fen, er/sie läuft, lief

der Läu|fer, die Läufer

die Läu|fe|rin,
die Läuferinnen

sie läuft (→ laufen)

er läuft weg (→ weglaufen)

laut (↔ leise)

der Laut, die Laute

der Laut|spre|cher,
die Lautsprecher

die La|va (geschmolzenes
Gestein, das aus einem Vulkan
austritt)

die La|wi|ne, die Lawinen

das Le|ben, die Leben

le|ben, er/sie lebt, lebte

le|ben|dig (↔ tot)

leb|haft

der Leb|ku|chen, die Lebkuchen

le|cken, er/sie leckt, leckte

le|cker

das Le|der, die Leder

die Le|der|ho|se,
die Lederhosen

le|dig|lich

leer (↔ voll)

die Lee|re

le|gen, er/sie legt, legte

der Lehm

die Leh|ne, die Lehnen

leh|ren, er/sie lehrt, lehrte

A B C D E F G H I J K L M N O P Q R S T U V W X Y Z

der **Leh|rer,** die Lehrer

die **Leh|re|rin,** die Lehrerinnen

der **Leib,** die Leiber

die **Lei|che,** die Leichen

leicht (↔ schwer)

die **Leich|tig|keit**

der **Leicht|sinn**

leicht|sin|nig

das **Leid,** die Leiden

lei|den, er/sie leidet, litt

lei|der

leidtun

lei|hen, er/sie leiht, lieh

der **Leim,** die Leime

lei|men, er/sie leimt, leimte

die **Lei|ne,** die Leinen

lei|se (↔ laut)

leis|ten, er/sie leistet, leistete

die **Leis|tung,** die Leistungen

die **Lei|ter,** die Leitern

der **Len|ker,** die Lenker

der **Le|o|pard,** die Leoparden

die **Ler|che,** die Lerchen (Vogel)

ler|nen, er/sie lernt, lernte

das **Le|se|buch,** die Lesebücher

le|sen, er/sie liest, las

let|tisch

Lett|land

letz|te, letzter, letztes

leuch|ten, er/sie leuchtet, leuchtete

der **Leucht|turm,** die Leuchttürme

die **Leu|te**

das **Le|xi|kon,** die Lexika (alphabetisch geordnetes Nachschlagewerk, z. B. ein Wörterbuch)

die **Li|bel|le,** die Libellen

das **Licht,** die Lichter

das **Lid,** die Lider (Augenlid)

lieb (↔ böse, verhasst)

die **Lie|be**

lie|ben, er/sie liebt, liebte

lie|ber

der **Lieb|ling,** die Lieblinge

das **Lied,** die Lieder (z. B. Gesang)

sie **lief** (→ laufen)

er **lief weg** (→ weglaufen)

lie|fern, er/sie liefert, lieferte

die **Lie|fe|rung,** die Lieferungen

die **Lie|ge,** die Liegen

lie|gen, er/sie liegt, lag

sie **lieh** (→ leihen)

er **lieh aus** (→ ausleihen)

sie **ließ** (→ lassen)

er **ließ zu** (→ zulassen)

sie **liest** (→ lesen)

er **liest vor** (→ vorlesen)

der **Lift,** die Lifte

die **Li|ga,** die Ligen
(Wettkampfklasse im Sport, z. B. Bundesliga im Fußball)

der **Li|kör,** die Liköre

li|la

die **Li|lie,** die Lilien

die **Li|mo|na|de,** die Limonaden

die **Lin|de,** die Linden

das **Li|ne|al,** die Lineale

die **Li|nie,** die Linien

links

die **Lin|se,** die Linsen

die **Lip|pe,** die Lippen

der **Lip|pen|stift,** die Lippenstifte

die **List,** die Listen

die **Lis|te,** die Listen

lis|tig

Li|tau|en

li|tau|isch

der **Li|ter,** die Liter

die **Li|te|ra|tur**

sie **litt** (→ leiden)

das **Lob**

lo|ben, er/sie lobt, lobte

das **Loch,** die Löcher

die **Lo|cke,** die Locken

lo|cken, er/sie lockt, lockte

lo|cker (↔ fest)

lo|ckig (↔ glatthaarig)

der **Löf|fel,** die Löffel

er **log** (→ lügen)

lo|gisch

der **Lohn,** die Löhne

das **Lo|kal,** die Lokale

die **Lo|ko|mo|ti|ve,** die Lokomotiven

los

das **Los,** die Lose

lö|schen, er/sie löscht, löschte

lö|sen, er/sie löst, löste

los|las|sen, er/sie lässt los, ließ los

die **Lö|sung,** die Lösungen

das **Lot|to**

der **Lö|we,** die Löwen

der **Lö|wen|zahn**

die **Lü|cke,** die Lücken

sie **lud** (→ laden)

er **lud ein** (→ einladen)

die **Luft,** die Lüfte

A
B
C
D
E
F
G
H
I
J
K
L
M
N
O
P
Q
R
S
T
U
V
W
X
Y
Z

der **Luft|bal|lon,** die Luftballons
luf|tig

die **Lüf|tung,** die Lüftungen

die **Lü|ge,** die Lügen
lü|gen, er/sie lügt, log

der **Lüg|ner,** die Lügner

die **Lüg|ne|rin,** die Lügnerinnen

die **Lun|ge,** die Lungen

die **Lu|pe,** die Lupen

die **Lust,** die Lüste
lus|tig
lut|schen, er/sie lutscht, lutschte

der **Lut|scher,** die Lutscher
Lu|xem|burg
lu|xem|bur|gisch

der **Lu|xus**

M

ma|chen, er/sie macht, machte

die **Macht,** die Mächte
mäch|tig

das **Mäd|chen,** die Mädchen

die **Ma|de,** die Maden

er **mag** (→ mögen)

der **Ma|gen,** die Mägen
ma|ger (↔ wohlgenährt, dick)

der **Mag|net (Ma|gnet),** die Magneten
mag|ne|tisch (ma|gne|tisch)

der **Mäh|dre|scher,** die Mähdrescher
mä|hen, er/sie mäht, mähte
mah|len, er/sie mahlt, mahlte

die **Mahl|zeit,** die Mahlzeiten

die **Mäh|ne,** die Mähnen
mah|nen, er/sie mahnt, mahnte

die **Mah|nung,** die Mahnungen

der **Mai**

die **Mail|box,** die Mailboxen
(Speicher, auf den Nachrichten aufgesprochen werden können, z.B. bei Handys)

der **Mais**

die **Ma|jes|tät,** die Majestäten
ma|jes|tä|tisch
mal

das **Mal,** die Male
ma|len, er/sie malt, malte

die **Ma|ma,** die Mamas

die **Ma|mi,** die Mamis

das **Mam|mut,** die Mammuts
(ausgestorbene Elefantenart)

man

man|che

manch|mal

die **Man|da|ri|ne,**
die Mandarinen

die **Man|del,** die Mandeln

die **Ma|ne|ge,** die Manegen
(Vorführfläche im Zirkus)

der **Mann,** die Männer

männ|lich

die **Mann|schaft,**
die Mannschaften

der **Man|tel,** die Mäntel

die **Map|pe,** die Mappen

das **Mär|chen,** die Märchen

die **Mar|ga|ri|ne**

der **Ma|ri|en|kä|fer,**
die Marienkäfer

die **Ma|ri|o|net|te,**
die Marionetten
*(bewegliche Puppe,
die an Fäden hängt)*

die **Mar|ke,** die Marken

mar|kie|ren, er/sie markiert,
markierte

der **Markt,** die Märkte

die **Mar|me|la|de,**
die Marmeladen

der **Mar|mor**

der **Mars** *(ein Planet)*

der **März**

das **Mar|zi|pan**

die **Ma|schi|ne,** die Maschinen

die **Ma|sern** *(eine Krankheit)*

die **Mas|ke,** die Masken

sie **maß** (→ messen)

das **Maß,** die Maße

die **Mas|sa|ge,** die Massagen

mas|sie|ren, er/sie massiert,
massierte

mä|ßig

der **Maß|stab,** die Maßstäbe

der **Mast,** die Masten

das **Ma|te|ri|al,** die Materialien

die **Ma|the|ma|tik**

die **Ma|trat|ze,** die Matratzen

der **Ma|tro|se,** die Matrosen

die **Ma|tro|sin,** die Matrosinnen

die **Mat|te,** die Matten

die **Mau|er,** die Mauern

mau|ern, er/sie mauert,
mauerte

das **Maul,** die Mäuler

der **Maul|wurf,** die Maulwürfe

die **Maus,** die Mäuse

A
B
C
D
E
F
G
H
I
J
K
L
M
N
O
P
Q
R
S
T
U
V
W
X
Y
Z

das **Maus|pad,** die Mauspads
(Unterlage, auf der die
Computermaus bewegt wird)

der **Me|cha|ni|ker,**
die Mechaniker

die **Me|cha|ni|ke|rin,**
die Mechanikerinnen

me|ckern, er/sie meckert,
meckerte

Meck|len|burg-
Vor|pom|mern

die **Me|dail|le,** die Medaillen

die **Me|di|en**

das **Me|di|ka|ment,**
die Medikamente

die **Me|di|zin**

das **Meer,** die Meere

das **Meer|schwein|chen,**
die Meerschweinchen

das **Mehl**

mehr

meh|re|re

die **Mehr|heit,**
die Mehrheiten

die **Mehr|zahl**

die **Mei|le,** die Meilen

mein, meine, meiner

mei|nen, er/sie meint,
meinte

die **Mei|nung,** die Meinungen

die **Mei|se,** die Meisen

meis|tens

der **Meis|ter,** die Meister

die **Meis|te|rin,**
die Meisterinnen

meis|tern, er/sie meistert,
meisterte

die **Meis|ter|schaft,**
die Meisterschaften

sich **mel|den,** er/sie meldet sich,
meldete sich

die **Me|lo|die,** die Melodien

die **Me|lo|ne,** die Melonen

die **Men|ge,** die Mengen

der **Mensch,** die Menschen

die **Mensch|heit**

die **Mensch|lich|keit**

mer|ken, er/sie merkt,
merkte

das **Merk|mal,** die Merkmale

merk|wür|dig

die **Mes|se,** die Messen

mes|sen, er/sie misst, maß

das **Mes|ser,** die Messer

das **Me|tall,** die Metalle

der **Me|ter,** die Meter

die **Mett|wurst,** die Mettwürste

der **Metz|ger,** die Metzger

die **Metz|ge|rin,**
die Metzgerinnen

mich

die **Mie|ne,** die Mienen

die **Mie|te,** die Mieten
mie|ten, er/sie mietet,
mietete

das **Mi|kro|fon (Mik|ro|fon),**
die Mikrofone

das **Mi|kros|kop (Mik|ros|kop),**
die Mikroskope
(ein Gerät zur optischen
Vergrößerung)

die **Mi|kro|wel|le**
(Mik|ro|wel|le),
die Mikrowellen *(ein Herd,*
der mit elektromagnetischen
Wellen Speisen erwärmt)

die **Milch**
mild *(↔ stark, scharf)*

die **Mil|li|ar|de,** die Milliarden

das **Mil|li|gramm**
(z. B. 8 Milligramm)

der **Mil|li|li|ter** *(z. B. 20 Milliliter)*

der **Mil|li|me|ter**
(z. B. 10 Millimeter)

die **Mil|li|on,** die Millionen

die **Min|der|heit,**
die Minderheiten

min|des|tens

die **Mi|ne,** die Minen

das **Mi|ne|ral|was|ser**

der **Mi|nis|ter,** die Minister

die **Mi|nis|te|rin,**
die Ministerinnen

mi|nus

die **Mi|nu|te,** die Minuten

mir

mi|schen, er/sie mischt,
mischte

er **misst** (→ messen)

das **Miss|ver|ständ|nis,**
die Missverständnisse

der **Mist**

mit

mit|ei|nan|der
(mit|ein|an|der)

das **Mit|glied,** die Mitglieder

der **Mit|laut,** die Mitlaute

das **Mit|leid**

mit|ma|chen,
er/sie macht mit, machte mit

der **Mit|schü|ler,** die Mitschüler

die **Mit|schü|le|rin,**
die Mitschülerinnen

der **Mit|tag,** die Mittage

das **Mit|tag|es|sen,**
die Mittagessen

mit|tags

die Mit|te

mit|tei|len, er/sie teilt mit,
teilte mit

die Mit|tei|lung, die
Mitteilungen

das Mit|tel|meer

die Mit|tel|schu|le,
die Mittelschulen
(eine Schulform)

die Mit|ter|nacht,
die Mitternächte

der Mitt|woch, die Mittwoche

mi|xen, er/sie mixt, mixte

der Mi|xer, die Mixer

die Mö|bel

sie moch|te (→ mögen)

die Mo|de, die Moden

das Mo|dell, die Modelle

mo|dern (↔ altmodisch)

mo|disch

das Mo|fa, die Mofas

mo|geln, er/sie mogelt,
mogelte

mö|gen, er/sie mag, mochte

mög|lich

die Mög|lich|keit,
die Möglichkeiten

die Mol|ke|rei, die Molkereien

der Mo|ment, die Momente

der Mo|nat, die Monate

mo|nat|lich

der Mönch, die Mönche

der Mond, die Monde

der Mo|ni|tor, die Monitore
*(Bildschirm, z. B. beim
Computer)*

das Mons|ter, die Monster

der Mon|tag, die Montage

das Moor, die Moore

das Moos, die Moose

das Mo|ped, die Mopeds

der Mord, die Morde

der Mör|der, die Mörder

die Mör|de|rin, die Mörderinnen

mor|gen

der Mor|gen, die Morgen

mor|gens

morsch

die Mo|schee, die Moscheen
(islamisches Gebetshaus)

der Mo|tor, die Motoren

das Mo|tor|rad,
die Motorräder

das Moun|tain|bike,
die Mountainbikes
(geländetaugliches Fahrrad)

die Mö|we, die Möwen

der **MP3-Play|er,** die MP3-Player
(Gerät zur Wiedergabe von
Musikdateien)
die **Mü|cke,** die Mücken
mü|de (↔ *wach, frisch*)
die **Mü|dig|keit**
die **Mü|he,** die Mühen
die **Müh|le,** die Mühlen
müh|sam
der **Müll**
die **Müll|ab|fuhr,**
die Müllabfuhren
der **Müll|ei|mer,** die Mülleimer
die **Mul|ti|pli|ka|ti|on,**
die Multiplikationen
mul|ti|pli|zie|ren,
er/sie multipliziert,
multiplizierte
der **Mund,** die Münder
die **Mund|har|mo|ni|ka,**
die Mundharmonikas
münd|lich (↔ *schriftlich*)
die **Mün|ze,** die Münzen
die **Mur|mel,** die Murmeln
mur|meln, er/sie murmelt,
murmelte
mur|ren, er/sie murrt,
murrte
mür|risch

die **Mu|schel,** die Muscheln
das **Mu|se|um,** die Museen
das **Mu|si|cal,** die Musicals
(ein Musiktheaterstück)
die **Mu|sik,** die Musiken
mu|si|ka|lisch
mu|si|zie|ren,
er/sie musiziert, musizierte
der **Mus|kel,** die Muskeln
das **Müs|li,** die Müslis
der **Mus|lim,** die Muslime
(Anhänger des Islam)
die **Mus|li|ma,** die Muslimas
(Anhängerin des Islam)
er **muss** (→ müssen)
müs|sen, er/sie muss,
musste
sie **muss|te** (→ müssen)
das **Mus|ter,** die Muster
der **Mut**
mu|tig (↔ *feige*)
die **Mut|ter,** die Mütter
die **Mut|ti,** die Muttis
die **Müt|ze,** die Mützen

A B C D E F G H I J K L **M** N O P Q R S T U V W X Y Z

N

der **Na|bel,** die Nabel

nach

der **Nach|bar,** die Nachbarn

die **Nach|ba|rin,**
die Nachbarinnen

nach|dem

nach|den|ken,
er/sie denkt nach,
dachte nach

nach|ge|ben,
er/sie gibt nach, gab nach

nach|ge|dacht
(→ nachdenken)

der **Nach|mit|tag,**
die Nachmittage

der **Nach|na|me,**
die Nachnamen

die **Nach|richt,** die Nachrichten

nächs|te, nächster, nächstes

die **Nacht,** die Nächte

der **Nach|teil,** die Nachteile

der **Nach|tisch,** die Nachtische

nachts

der **Na|cken,** die Nacken

nackt
(↔ bekleidet, angezogen)

die **Na|del,** die Nadeln

der **Na|gel,** die Nägel

na|gen, er/sie nagt, nagte

nah, näher, am nächsten

die **Nä|he**

nä|hen, er/sie näht, nähte

sie **nahm** (→ nehmen)

er **nahm weg**
(→ wegnehmen)

die **Nah|rung**

die **Naht,** die Nähte

der **Na|me,** die Namen

der **Na|mens|tag,**
die Namenstage

näm|lich

sie **nann|te** (→ nennen)

der **Napf,** die Näpfe

die **Nar|be,** die Narben

die **Nar|ko|se,** die Narkosen
(Betäubung in der Medizin)

na|schen, er/sie nascht,
naschte

die **Na|se,** die Nasen

das **Nas|horn,** die Nashörner

nass (↔ trocken)

die **Näs|se**

die **Na|ti|on,** die Nationen

die **Na|tur**

na|tür|lich (↔ künstlich)

der Na|tur|schutz
die Na|tur|wis|sen|schaft,
 die Naturwissenschaften
der Ne|bel
 ne|ben
 ne|ben|an
 neb|lig (↔ klar)
der Nef|fe, die Neffen
 ne|ga|tiv (↔ positiv)
 neh|men, er/sie nimmt,
 nahm
der Neid
 nei|disch
 nein
die Nel|ke, die Nelken
 nen|nen, er/sie nennt,
 nannte
die Ne|on|röh|re,
 die Neonröhren
der Nerv, die Nerven
 ner|vös (↔ ruhig, entspannt)
das Nest, die Nester
 nett
das Netz, die Netze
 neu (↔ alt)
die Neu|gier
 neu|gie|rig
die Neu|ig|keit, die Neuigkeiten
das Neu|jahr

neu|lich
neun
neun|zehn
neun|zig
nicht
die Nich|te, die Nichten
nichts
ni|cken, er/sie nickt, nickte
nie
die Nie|der|lan|de
nie|der|län|disch
Nie|der|sach|sen
der Nie|der|schlag,
 die Niederschläge
nied|lich
nied|rig (↔ hoch)
nie|mals
nie|mand, niemanden
die Nie|re, die Nieren
nie|sen, er/sie niest, nieste
die Nie|te, die Nieten
der Ni|ko|laus
das Nil|pferd, die Nilpferde
er nimmt (→ nehmen)
sie nimmt weg
 (→ wegnehmen)
nir|gend|wo
nis|ten, er/sie nistet, nistete
die Ni|xe, die Nixen

A
B
C
D
E
F
G
H
I
J
K
L
M
N
O
P
Q
R
S
T
U
V
W
X
Y
Z

noch

das **No|men,** die Nomen
(Wortart)

der **No|mi|na|tiv**
(1. Fall, Werfall)

der **Nor|den**

Nord|rhein-West|fa|len

die **Nord|see**

nör|geln, er/sie nörgelt, nörgelte

nor|mal

Nor|we|gen

nor|we|gisch

die **Not,** die Nöte

die **No|te,** die Noten

no|tie|ren, er/sie notiert, notierte

nö|tig

die **No|tiz,** die Notizen

der **No|vem|ber**

die **Nu|del,** die Nudeln

das **Nu|gat** *(eine Süßigkeit aus Nüssen)*

null

die **Null,** die Nullen

die **Num|mer,** die Nummern

num|me|rie|ren, er/sie nummeriert, nummerierte

nun

nur

die **Nuss,** die Nüsse

der **Nut|zen**

nut|zen, er/sie nutzt, nutzte

nüt|zen, er/sie nützt, nützte

nütz|lich

O

die **Oa|se,** die Oasen

ob

oben

der **Ober,** die Ober

die **Ober|flä|che,** die Oberflächen

die **Ober|lip|pe,** die Oberlippen

der **Ober|schen|kel,** die Oberschenkel

das **Ob|jekt,** die Objekte
(Gegenstand; bezeichnet auch eine sprachliche Ergänzung, z.B. das Akkusativobjekt)

das **Obst**

ob|wohl

der **Och|se,** die Ochsen

oder

der **Ofen**, die Öfen

of|fen (↔ *geschlossen, zu*)

öff|nen, er/sie öffnet, öffnete

die **Öff|nung**, die Öffnungen

oft, öfter

oh|ne

die **Ohn|macht**, die Ohnmachten

das **Ohr**, die Ohren

die **Ohr|fei|ge**, die Ohrfeigen

das **Ohr|läpp|chen**, die Ohrläppchen

okay

der **Ok|to|ber**

das **Öl**, die Öle

die **Oli|ve**, die Oliven

die **Olym|pi|a|de**, die Olympiaden (*die Olympischen Spiele*)

die **Oma**, die Omas

die **Omi**, die Omis

der **On|kel**, die Onkel

der **Opa**, die Opas

die **Ope|ra|ti|on**, die Operationen

ope|rie|ren, er/sie operiert, operierte

das **Op|fer**, die Opfer

op|fern, er/sie opfert, opferte

der **Opi**, die Opis

oran|ge

die **Oran|ge**, die Orangen

der **Oran|gen|saft**, die Orangensäfte

das **Or|ches|ter**, die Orchester

der **Or|den**, die Orden

or|dent|lich

ord|nen, er/sie ordnet, ordnete

die **Ord|nung**

die **Or|ga|ni|sa|ti|on**, die Organisationen

or|ga|ni|sie|ren, er/sie organisiert, organisierte

die **Or|gel**, die Orgeln

der **Ori|ent** (*die Länder Vorder- und Mittelasiens*)

der **Or|kan**, die Orkane (*stärkster Sturm*)

der **Ort**, die Orte

die **Ort|schaft**, die Ortschaften

der **Os|ten**

das **Os|ter|ei**, die Ostereier

der **Os|ter|ha|se**, die Osterhasen

Os|tern

Ös|ter|reich

ös|ter|rei|chisch
die Ost|see
oval
der Oze|an, die Ozeane

P

paar
das Paar, die Paare
das Päck|chen, die Päckchen
pa|cken, er/sie packt, packte
die Pa|ckung, die Packungen
das Pad|del, die Paddel
pad|deln, er/sie paddelt,
paddelte
das Pa|ket, die Pakete
der Pa|last, die Paläste
die Pal|me, die Palmen
die Pa|nik
die Pan|ne, die Pannen
der Pan|tof|fel, die Pantoffeln
der Pan|zer, die Panzer
der Pa|pa, die Papas
der Pa|pa|gei, die Papageien
der Pa|pi, die Papis
das Pa|pier, die Papiere
die Pap|pe, die Pappen

die Pa|pri|ka (Pap|ri|ka),
die Paprikas
der Papst, die Päpste
das Pa|ra|dies, die Paradiese
das Par|fum, die Parfums
der Park, die Parks
par|ken, er/sie parkt, parkte
die Par|tei, die Parteien
der Part|ner, die Partner
die Part|ne|rin, die Partnerinnen
die Par|ty, die Partys
der Pass, die Pässe
pas|sen, es passt, passte
pas|sie|ren, es passiert,
passierte
pas|siv (↔ aktiv)
die Pas|ta (italienisches Wort
für Teigwaren, Nudeln)
der Pas|tor, die Pastoren
die Pas|to|rin, die Pastorinnen
der Pa|te, die Paten
die Pa|ten|schaft,
die Patenschaften
der Pa|ti|ent, die Patienten
die Pa|ti|en|tin,
die Patientinnen
die Pa|tin, die Patinnen
die Pa|tro|ne (Pat|ro|ne),
die Patronen

die **Pau|ke,** die Pauken
pau|ken, er/sie paukt, paukte
die **Pau|se,** die Pausen
der **Pa|zi|fik**
der **PC,** die PCs (Abkürzung für englisch personal computer)
das **Pech**
der **Pech|vo|gel,** die Pechvögel
das **Pe|dal,** die Pedale
pein|lich
die **Peit|sche,** die Peitschen
der **Pelz,** die Pelze
peng
der **Pe|nis,** die Penisse
die **Per|le,** die Perlen
die **Per|son,** die Personen
per|sön|lich
die **Pe|rü|cke,** die Perücken
die **Pe|ter|si|lie**
pet|zen, er/sie petzt, petzte
der **Pfad,** die Pfade
der **Pfad|fin|der,** die Pfadfinder
die **Pfad|fin|de|rin,** die Pfadfinderinnen
die **Pfan|ne,** die Pfannen
der **Pfar|rer,** die Pfarrer
die **Pfar|re|rin,** die Pfarrerinnen

der **Pfef|fer**
die **Pfef|fer|min|ze**
die **Pfei|fe,** die Pfeifen
pfei|fen, er/sie pfeift, pfiff
der **Pfeil,** die Pfeile
das **Pferd,** die Pferde
sie **pfiff** (→ pfeifen)
Pfings|ten
der **Pfir|sich,** die Pfirsiche
die **Pflan|ze,** die Pflanzen
pflan|zen, er/sie pflanzt, pflanzte
das **Pflas|ter,** die Pflaster
die **Pflau|me,** die Pflaumen
pfle|gen, er/sie pflegt, pflegte
die **Pflicht,** die Pflichten
pflü|cken, er/sie pflückt, pflückte
der **Pflug,** die Pflüge
pflü|gen, er/sie pflügt, pflügte
die **Pfo|te,** die Pfoten
das **Pfund,** die Pfunde
die **Pfüt|ze,** die Pfützen
die **Phy|sik**
der **Pi|ckel,** die Pickel
das **Pick|nick,** die Picknicks
pie|pen, es piept, piepte

A
B
C
D
E
F
G
H
I
J
K
L
M
N
O
P
Q
R
S
T
U
V
W
X
Y
Z

piep|sen, er/sie piepst, piepste

der Pil|ger, die Pilger

die Pil|ge|rin, die Pilgerinnen

pil|gern, er/sie pilgert, pilgerte

die Pil|le, die Pillen

der Pi|lot, die Piloten

die Pi|lo|tin, die Pilotinnen

der Pilz, die Pilze

der Pin|gu|in, die Pinguine

pink

die Pinn|wand, die Pinnwände

der Pin|sel, die Pinsel

pin|seln, er/sie pinselt, pinselte

der Pi|rat, die Piraten

die Pi|ra|tin, die Piratinnen

die Pis|to|le, die Pistolen

die Piz|za, die Pizzas/Pizzen

das Pla|kat, die Plakate

der Plan, die Pläne

pla|nen, er/sie plant, plante

der Pla|net, die Planeten

plan|schen, er/sie planscht, planschte

plap|pern, er/sie plappert, plapperte

das Plas|tik

platt

der Platz, die Plätze

das Plätz|chen, die Plätzchen

plat|zen, er/sie platzt, platzte

plei|te (↔ zahlungsfähig)

die Plom|be, die Plomben (Zahnfüllung)

plötz|lich

plump

plus

der Po|kal, die Pokale

der Pol, die Pole

Po|len

die Po|li|tik

der Po|li|ti|ker, die Politiker

die Po|li|ti|ke|rin, die Politikerinnen

po|li|tisch

die Po|li|zei

der Po|li|zist, die Polizisten

die Po|li|zis|tin, die Polizistinnen

die Pom|mes fri|tes

das Po|ny, die Ponys

der Pool, die Pools (englisches Wort für Schwimmbecken)

der Po|po, die Popos

die Por|ti|on, die Portionen

das Port|mo|nee,
die Portmonees

Por|tu|gal

por|tu|gie|sisch

das Por|zel|lan

po|si|tiv (↔ negativ)

die Post

der Post|bo|te, die Postboten

die Post|bo|tin,
die Postbotinnen

die Post|kar|te, die Postkarten

die Post|leit|zahl,
die Postleitzahlen

das Prä|di|kat, die Prädikate
(Satzkern)

prak|tisch

die Pra|li|ne, die Pralinen

der Prä|si|dent, die Präsidenten

die Prä|si|den|tin,
die Präsidentinnen

pre|di|gen, er/sie predigt,
predigte

die Pre|digt, die Predigten

der Preis, die Preise

die Pres|se

die Pres|se, die Pressen

pres|sen, er/sie presst,
presste

der Pries|ter, die Priester

die Pries|te|rin,
die Priesterinnen

pri|ma

der Prinz, die Prinzen

die Prin|zes|sin,
die Prinzessinnen

pri|vat (↔ öffentlich)

pro (für)

die Pro|be, die Proben

pro|ben, er/sie probt, probte

pro|bie|ren, er/sie probiert,
probierte

das Pro|blem (Prob|lem),
die Probleme

das Pro|dukt, die Produkte
(Erzeugnis, Ergebnis)

der Pro|fes|sor, die Professoren

die Pro|fes|so|rin,
die Professorinnen

das Pro|gramm, die Programme

das Pro|jekt, die Projekte

der Pro|jek|tor, die Projektoren

das Pro|no|men, die Pronomen
(Wortart: Fürwort)

der Pro|pel|ler, die Propeller

der Pro|test, die Proteste

pro|tes|tie|ren,
er/sie protestiert, protestierte

das Pro|zent, die Prozente

A
B
C
D
E
F
G
H
I
J
K
L
M
N
O
P
Q
R
S
T
U
V
W
X
Y
Z

prü|fen, er/sie prüft, prüfte
die Prü|fung, die Prüfungen
die Pu|ber|tät
das Pu|bli|kum (Pub|li|kum)
der Pud|ding, die Puddings
der Pu|del, die Pudel
der Pu|der
der Pul|li, die Pullis
der Pul|lo|ver (Pull|o|ver),
die Pullover
der Puls, die Pulse
das Pul|ver, die Pulver
der Punkt, die Punkte
pünkt|lich (↔ verspätet)
die Pu|pil|le, die Pupillen
die Pup|pe, die Puppen
pur|zeln, er/sie purzelt,
purzelte
die Pus|te|blu|me,
die Pusteblumen
pus|ten, er/sie pustet,
pustete
put|zen, er/sie putzt, putzte
put|zig
das Puz|zle (Puzz|le), die Puzzles
der Py|ja|ma, die Pyjamas
(Schlafanzug)
die Py|ra|mi|de, die Pyramiden
(ägyptischer Grabbau)

Q

der Qua|der, die Quader
(ein rechteckiger Körper)
das Qua|drat (Quad|rat),
die Quadrate
qua|dra|tisch
(quad|ra|tisch)
qua|ken, er/sie quakt,
quakte
die Qual, die Qualen
quä|len, er/sie quält, quälte
die Qua|li|tät, die Qualitäten
die Qual|le, die Quallen
der Qualm
qual|men, er/sie qualmt,
qualmte
der Quark
das Quar|tett, die Quartette
quas|seln, er/sie quasselt,
quasselte
der Quatsch
quat|schen, er/sie quatscht,
quatschte
die Quel|le, die Quellen
quen|geln, er/sie quengelt,
quengelte
quer

quet|schen, *er/sie quetscht, quetschte*

quie|ken, *er/sie quiekt, quiekte*

quiet|schen, *er/sie quietscht, quietschte*

der Quirl, *die Quirle*

die Quit|tung, *die Quittungen (Kassenzettel)*

das Quiz *(Frage-und-Antwort-Spiel)*

R

der Ra|be, *die Raben*

die Ra|che

sich rä|chen, *er/sie rächt sich, rächte sich*

das Rad, *die Räder*

Rad fah|ren, *er/sie fährt Rad, fuhr Rad*

ra|deln, *er/sie radelt, radelte*

der Rad|fah|rer, *die Radfahrer*

die Rad|fah|re|rin, *die Radfahrerinnen*

ra|die|ren, *er/sie radiert, radierte*

der Ra|dier|gum|mi, *die Radiergummis*

das Ra|dies|chen, *die Radieschen*

das Ra|dio, *die Radios*

der Rah|men, *die Rahmen*

die Ra|ke|te, *die Raketen*

der Rand, *die Ränder*

er rann|te *(→ rennen)*

der Ran|zen, *die Ranzen*

der Rap, *die Raps (Sprechgesang)*

der Rap|pe, *die Rappen*

der Raps

ra|scheln, *es raschelt, raschelte*

der Ra|sen, *die Rasen*

ra|sen, *er/sie rast, raste*

der Ra|sen|mä|her, *die Rasenmäher*

sich ra|sie|ren, *er/sie rasiert sich, rasierte sich*

der Ra|sier|pin|sel, *die Rasierpinsel*

ras|seln, *er/sie rasselt, rasselte*

die Rast

ras|ten, *er/sie rastet, rastete*

sie rät *(→ raten)*

ra|ten, *er/sie rät, riet*

A B C D E F G H I J K L M N O P **Q R** S T U V W X Y Z

der **Rat|schlag,** die Ratschläge

das **Rät|sel,** die Rätsel

die **Rat|te,** die Ratten

rat|tern, er/sie rattert, ratterte

rau (↔ glatt, weich)

der **Raub,** die Raube

rau|ben, er/sie raubt, raubte

der **Räu|ber,** die Räuber

die **Räu|be|rin,** die Räuberinnen

der **Rauch**

rau|chen, er/sie raucht, rauchte

rau|fen, er/sie rauft, raufte

die **Rau|fe|rei,** die Raufereien

der **Raum,** die Räume

räu|men, er/sie räumt, räumte

das **Raum|schiff,** die Raumschiffe

die **Rau|pe,** die Raupen

raus

rau|schen, er/sie rauscht, rauschte

re|agie|ren, er/sie reagiert, reagierte

die **Re|ak|ti|on,** die Reaktionen

die **Re|al|schu|le,** die Realschulen (eine Schulform der weiterführenden Schule)

die **Re|be,** die Reben

rech|nen, er/sie rechnet, rechnete

der **Rech|ner,** die Rechner

die **Rech|nung,** die Rechnungen

das **Recht,** die Rechte

das **Recht|eck,** die Rechtecke

rechts

die **Recht|schrei|bung**

re|cy|celn, er/sie recycelt, recycelte

das **Re|cyc|ling (Re|cy|cling)** (Wiederverwendung von bereits benutzten Rohstoffen, z. B. von Altpapier)

der **Re|dak|teur,** die Redakteure

die **Re|dak|teu|rin,** die Redakteurinnen

die **Re|de,** die Reden

re|den, er/sie redet, redete

die **Re|gel,** die Regeln

re|geln, er/sie regelt, regelte

die **Re|gel|schu|le**

der **Re|gen**

der Re|gen|bo|gen,
die Regenbögen

der Re|gen|schirm,
die Regenschirme

re|gie|ren, er/sie regiert,
regierte

die Re|gie|rung,
die Regierungen

reg|nen, es regnet, regnete

reg|ne|risch (↔ trocken,
niederschlagsfrei)

das Reh, die Rehe

rei|ben, er/sie reibt, rieb

reich (↔ arm)

reich|lich

der Reich|tum, die Reichtümer

reif

der Rei|fen, die Reifen

rei|fen, er/sie reift, reifte

die Rei|he, die Reihen

der Reim, die Reime

rein

rei|ni|gen, er/sie reinigt,
reinigte

die Rei|ni|gung,
die Reinigungen

der Reis

die Rei|se, die Reisen

rei|sen, er/sie reist, reiste

rei|ßen, er/sie reißt, riss

der Reiß|ver|schluss,
die Reißverschlüsse

rei|ten, er/sie reitet, ritt

der Rei|ter, die Reiter

die Rei|te|rin, die Reiterinnen

die Re|kla|me, die Reklamen
(Werbung)

der Re|kord, die Rekorde
(Bestleistung)

der Rek|tor, die Rektoren

die Rek|to|rin, die Rektorinnen

die Re|li|gi|on, die Religionen

das Renn|au|to, die Rennautos

ren|nen, er/sie rennt, rannte

re|no|vie|ren, er/sie
renoviert, renovierte

die Re|no|vie|rung,
die Renovierungen
(Erneuerung oder Instand-
setzung, z. B. einer Wohnung)

die Ren|te, die Renten

der Rent|ner, die Rentner

die Rent|ne|rin,
die Rentnerinnen

die Re|pa|ra|tur,
die Reparaturen

re|pa|rie|ren,
er/sie repariert, reparierte

die **Re|por|ta|ge,**
die Reportagen
(Berichterstattung, z. B. für
das Fernsehen)

der **Re|por|ter,** die Reporter
die **Re|por|te|rin,**
die Reporterinnen

die **Re|pu|blik (Re|pub|lik),**
die Republiken

die **Re|ser|ve,** die Reserven
re|ser|vie|ren,
er/sie reserviert, reservierte

der **Res|pekt (Re|spekt)**
res|pek|tie|ren
(re|spek|tie|ren),
er/sie respektiert, respektierte

der **Rest,** die Reste

das **Res|tau|rant**
(Re|stau|rant),
die Restaurants

ret|ten, er/sie rettet,
rettete

die **Reue** *(Bedauern)*

das **Re|zept,** die Rezepte

der **Rha|bar|ber**
Rhein|land-Pfalz
rhyth|misch

der **Rhyth|mus,**
die Rhythmen *(Takt)*

der **Rich|ter,** die Richter
die **Rich|te|rin,**
die Richterinnen

rich|tig *(↔ falsch)*

die **Rich|tung,** die Richtungen

er **rieb** *(→ reiben)*

rie|chen, er/sie riecht, roch

sie **rief** *(→ rufen)*

er **rief an** *(→ anrufen)*

sie **rief zu** *(→ zurufen)*

der **Rie|gel,** die Riegel

der **Rie|se,** die Riesen

rie|sig *(↔ winzig, klein)*

er **riet** *(→ raten)*

das **Rind,** die Rinder

der **Ring,** die Ringe

die **Rip|pe,** die Rippen

das **Ri|si|ko,** die Risiken

sie **riss** *(→ reißen)*

der **Riss,** die Risse

er **ritt** *(→ reiten)*

der **Ritt,** die Ritte

der **Rit|ter,** die Ritter
rit|ter|lich

die **Rit|ter|rüs|tung,**
die Ritterrüstungen

der **Rit|ter|saal,** die Rittersäle

der **Ro|bo|ter,** die Roboter

sie **roch** *(→ riechen)*

der **Rock,** die Röcke

ro|deln, er/sie rodelt, rodelte

der **Rog|gen**

roh

das **Rohr,** die Rohre

die **Rol|le,** die Rollen

rol|len, er/sie rollt, rollte

der **Rol|ler,** die Roller

der **Roll|la|den,** die Rollläden

der **Roll|schuh,** die Rollschuhe

der **Ro|man,** die Romane

rönt|gen, er/sie röntgt, röntgte *(in der Medizin: mit Röntgenstrahlen durchleuchten)*

ro|sa

die **Ro|se,** die Rosen

die **Ro|si|ne,** die Rosinen

der **Rost,** die Roste

der **Rost** *(an Eisen)*

ros|tig

rot

das **Rot|kehl|chen,** die Rotkehlchen

die **Rü|be,** die Rüben

der **Rü|cken,** die Rücken

rü|cken, er/sie rückt, rückte

der **Ruck|sack,** die Rucksäcke

die **Rück|sicht**

rück|wärts

das **Ru|del,** die Rudel

das **Ru|der,** die Ruder

ru|dern, er/sie rudert, ruderte

ru|fen, er/sie ruft, rief

die **Ru|he**

ru|hen, er/sie ruht, ruhte

ru|hig

rüh|ren, er/sie rührt, rührte

die **Rüh|rung**

die **Ru|i|ne,** die Ruinen *(zerfallenes Bauwerk)*

Ru|mä|ni|en

ru|mä|nisch

rund *(↔ eckig)*

run|ter

der **Ruß**

der **Rüs|sel,** die Rüssel

rus|sisch

Russ|land

die **Rüs|tung,** die Rüstungen

die **Rutsch|bahn,** die Rutschbahnen

die **Rut|sche,** die Rutschen

rut|schen, er/sie rutscht, rutschte

rüt|teln, er/sie rüttelt, rüttelte

S

der **Saal,** die Säle

das **Saar|land**

die **Saat,** die Saaten

der **Sabbat** (Ruhetag im Judentum)

die **Sa|che,** die Sachen

sach|lich

Sach|sen

Sach|sen-An|halt

der **Sack,** die Säcke

sä|en, er/sie sät, säte

der **Saft,** die Säfte

saf|tig

die **Sa|ge,** die Sagen

die **Sä|ge,** die Sägen

sa|gen, er/sie sagt, sagte

sä|gen, er/sie sägt, sägte

er **sah** (→ sehen)

sie **sah aus** (→ aussehen)

er **sah fern** (→ fernsehen)

sie **sah** ihn **wie|der** (→ wiedersehen)

die **Sah|ne**

der **Sa|la|man|der,** die Salamander

die **Sa|la|mi,** die Salamis

der **Sa|lat,** die Salate

die **Sal|be,** die Salben

der **Sal|to,** die Saltos/Salti (Überschlag in der Luft)

das **Salz,** die Salze

der **Sa|men,** die Samen

sam|meln, er/sie sammelt, sammelte

die **Samm|lung,** die Sammlungen

der **Sams|tag,** die Samstage

der **Samt**

der **Sand**

die **San|da|le,** die Sandalen

san|dig

der **Sand|kas|ten,** die Sandkästen

er **sand|te** (→ senden)

sie **sang** (→ singen)

der **Sän|ger,** die Sänger

die **Sän|ge|rin,** die Sängerinnen

er **sank** (→ sinken)

der **Sarg,** die Särge

sie **saß** (→ sitzen)

satt (↔ hungrig)

der **Sat|tel,** die Sättel

der **Satz,** die Sätze

die **Satz|er|gän|zung,**
die Satzergänzungen

der **Satz|ge|gen|stand,**
die Satzgegenstände

der **Satz|kern,** die Satzkerne

die **Sau,** die Säue

sau|ber (↔ dreckig,
verschmutzt)

säu|bern, er/sie säubert,
säuberte

sau|er (↔ süß)

der **Sau|er|stoff**

sau|gen, er/sie saugt, saugte

das **Säu|ge|tier,** die Säugetiere

der **Säug|ling,** die Säuglinge

die **Säu|le,** die Säulen

die **Säu|re,** die Säuren

sau|sen, er/sie saust, sauste

das **Sa|xo|fon,** die Saxofone
(ein Blasinstrument)

die **S-Bahn,** die S-Bahnen

der **Scan|ner,** die Scanner

die **Scha|blo|ne (Schab|lo|ne),**
die Schablonen

das **Schach**

die **Schach|tel,** die Schachteln

scha|de

der **Schä|del,** die Schädel

der **Scha|den,** die Schäden

scha|den, er/sie schadet,
schadete

schäd|lich

das **Schaf,** die Schafe

der **Schä|fer|hund,**
die Schäferhunde

schaf|fen, er/sie schafft,
schaffte (etwas vollbringen,
arbeiten)

schaf|fen, er/sie schafft,
schuf (etwas erschaffen,
gestalten)

der **Schaff|ner,** die Schaffner

die **Schaff|ne|rin,**
die Schaffnerinnen

der **Schal,** die Schals

die **Scha|le,** die Schalen

schä|len, er/sie schält,
schälte

der **Schall**

schal|ten, er/sie schaltet,
schaltete

der **Schal|ter,** die Schalter

die **Scham**

sich **schä|men,** er/sie schämt
sich, schämte sich

die **Schan|de**

scharf, schärfer,
am schärfsten (↔ mild)

die **Schär|fe**, die Schärfen

der **Schar|lach** (eine Krankheit)

der **Schat|ten**, die Schatten

schat|tig (↔ sonnig)

der **Schatz**, die Schätze

schau|en, er/sie schaut, schaute

die **Schau|fel**, die Schaufeln

schau|feln, er/sie schaufelt, schaufelte

die **Schau|kel**, die Schaukeln

schau|keln, er/sie schaukelt, schaukelte

der **Schaum**, die Schäume

der **Schau|spie|ler**, die Schauspieler

die **Schau|spie|le|rin**, die Schauspielerinnen

die **Schei|be**, die Scheiben

die **Schei|de**, die Scheiden

die **Schei|dung**, die Scheidungen

schei|nen, er/sie scheint, schien

der **Schen|kel**, die Schenkel

schen|ken, er/sie schenkt, schenkte

die **Scher|be**, die Scherben

die **Sche|re**, die Scheren

der **Scherz**, die Scherze

scher|zen, er/sie scherzt, scherzte

scheu

scheu|chen, er/sie scheucht, scheuchte

scheu|ern, er/sie scheuert, scheuerte

die **Scheu|ne**, die Scheunen

scheuß|lich

die **Schi**, die Schier

die **Schicht**, die Schichten

schi|cken, er/sie schickt, schickte

das **Schick|sal**, die Schicksale

schie|ben, er/sie schiebt, schob

der **Schieds|rich|ter**, die Schiedsrichter

die **Schieds|rich|te|rin**, die Schiedsrichterinnen

schief (↔ gerade, eben)

sie **schien** (→ scheinen)

die **Schie|ne**, die Schienen

schie|ßen, er/sie schießt, schoss

das **Schiff**, die Schiffe

das **Schild**, die Schilder

die **Schild|krö|te**, die Schildkröten

das **Schilf**

der **Schim|mel,** die Schimmel

schim|meln, es schimmelt,
schimmelte

der **Schim|pan|se,**
die Schimpansen

schimp|fen, er/sie schimpft,
schimpfte

das **Schimpf|wort,**
die Schimpfwörter

der **Schin|ken,** die Schinken

der **Schirm,** die Schirme

die **Schlacht,** die Schlachten

schlach|ten,
er/sie schlachtet, schlachtete

der **Schlaf**

der **Schlaf|an|zug,**
die Schlafanzüge

schla|fen, er/sie schläft,
schlief

er **schläft** (→ schlafen)

der **Schlag,** die Schläge

schla|gen, er/sie schlägt,
schlug

die **Schlä|ge|rei,**
die Schlägereien

sie **schlägt** (→ schlagen)

er **schlägt vor** (→ vorschlagen)

das **Schlag|zeug,** die Schlagzeuge

der **Schlamm**

schlam|mig

die **Schlan|ge,** die Schlangen

schlank
(↔ dick, übergewichtig)

schlau

der **Schlauch,** die Schläuche

schlecht (↔ gut)

schlei|chen, er/sie schleicht,
schlich

der **Schlei|er,** die Schleier

die **Schlei|fe,** die Schleifen

der **Schleim**

schlen|dern,
er/sie schlendert, schlenderte

die **Schlep|pe,** die Schleppen

schlep|pen, er/sie schleppt,
schleppte

Schles|wig-Hol|stein

die **Schleu|se,** die Schleusen

er **schlich** (→ schleichen)

sie **schlief** (→ schlafen)

schlie|ßen, er/sie schließt,
schloss

schließ|lich

schlimm

der **Schlips,** die Schlipse

der **Schlit|ten,** die Schlitten

der **Schlitt|schuh,**
die Schlittschuhe

er **schloss** (→ schließen)

sie **schloss ab**
(→ abschließen)

das **Schloss**, die Schlösser

die **Schlucht**, die Schluchten

schluch|zen,
er/sie schluchzt, schluchzte

schlu|cken, er/sie schluckt,
schluckte

er **schlug** (→ schlagen)

sie **schlug vor** (→ vorschlagen)

schlüp|fen, er/sie schlüpft,
schlüpfte

schlür|fen, er/sie schlürft,
schlürfte

der **Schluss**, die Schlüsse

der **Schlüs|sel**, die Schlüssel

schmal (↔ breit)

das **Schmalz**

schme|cken, es schmeckt,
schmeckte

schmei|cheln,
er/sie schmeichelt,
schmeichelte

schmei|ßen,
er/sie schmeißt, schmiss

schmel|zen, er/sie schmilzt,
schmolz

der **Schmerz**, die Schmerzen

schmer|zen, es schmerzt,
schmerzte

der **Schmet|ter|ling**,
die Schmetterlinge

schmie|den,
er/sie schmiedet, schmiedete

die **Schmie|de**, die Schmieden

schmie|ren, er/sie schmiert,
schmierte

es **schmilzt** (→ schmelzen)

die **Schmin|ke**

schmin|ken,
er/sie schminkt, schminkte

sie **schmiss** (→ schmeißen)

es **schmolz** (→ schmelzen)

der **Schmuck**

schmü|cken,
er/sie schmückt, schmückte

schmun|zeln,
er/sie schmunzelt,
schmunzelte

schmu|sen, er/sie schmust,
schmuste

der **Schmutz**

schmut|zig (↔ sauber)

der **Schna|bel**, die Schnäbel

die **Schnal|le**, die Schnallen

schnap|pen, er/sie
schnappt, schnappte

schnar|chen,
er/sie schnarcht, schnarchte

die **Schnau|ze,** die Schnauzen

die **Schne|cke,** die Schnecken

der **Schnee**

der **Schnee|ball,**
die Schneebälle

die **Schnee|flo|cke,**
die Schneeflocken

der **Schnee|mann,**
die Schneemänner

schnei|den,
er/sie schneidet, schnitt

der **Schnei|der,** die Schneider

die **Schnei|de|rin,**
die Schneiderinnen

schnei|dern,
er/sie schneidert, schneiderte

schnei|en, es schneit,
schneite

schnell (↔ langsam)

die **Schnel|lig|keit**

sie **schnitt** (→ schneiden)

er **schnitt ab** (→ abschneiden)

sie **schnitt aus**
(→ ausschneiden)

der **Schnitt,** die Schnitte

der **Schnitt|lauch**

das **Schnit|zel,** die Schnitzel

schnit|zen, er/sie schnitzt,
schnitzte

der **Schnor|chel,**
die Schnorchel

der **Schnul|ler,** die Schnuller

der **Schnup|fen,** die Schnupfen

schnup|pern,
er/sie schnuppert,
schnupperte

die **Schnur,** die Schnüre

der **Schnurr|bart,**
die Schnurrbärte

schnur|ren, er/sie schnurrt,
schnurrte

der **Schnür|sen|kel,**
die Schnürsenkel

er **schob** (→ schieben)

die **Scho|ko|la|de,**
die Schokoladen

schon

schön (↔ hässlich)

scho|nen, er/sie schont,
schonte

die **Schön|heit,**
die Schönheiten

die **Schöp|fung,**
die Schöpfungen

der **Schorn|stein,**
die Schornsteine

A
B
C
D
E
F
G
H
I
J
K
L
M
N
O
P
Q
R
S
T
U
V
W
X
Y
Z

sie **schoss** (→ schießen)

der **Schoß,** die Schöße

schräg

die **Schram|me,**

die Schrammen

der **Schrank,** die Schränke

die **Schrau|be,** die Schrauben

schrau|ben, er/sie schraubt,

schraubte

der **Schrau|ben|zie|her,**

die Schraubenzieher

der **Schreck,** die Schrecken

schreck|lich

der **Schrei,** die Schreie

schrei|ben, er/sie schreibt,

schrieb

die **Schreib|schrift,**

die Schreibschriften

der **Schreib|tisch,**

die Schreibtische

schrei|en, er/sie schreit,

schrie

der **Schrei|ner,** die Schreiner

die **Schrei|ne|rin,**

die Schreinerinnen

er **schrie** (→ schreien)

sie **schrieb** (→ schreiben)

er **schrieb ab** (→ abschreiben)

die **Schrift,** die Schriften

schrift|lich (↔ mündlich)

der **Schrift|stel|ler,**

die Schriftsteller

die **Schrift|stel|le|rin,**

die Schriftstellerinnen

der **Schrott**

schrump|fen,

er/sie schrumpft, schrumpfte

die **Schub|kar|re,**

die Schubkarren

die **Schub|la|de,**

die Schubladen

schub|sen, er/sie schubst,

schubste

schüch|tern (↔ forsch)

die **Schüch|tern|heit**

sie **schuf** (→ schaffen)

der **Schuh,** die Schuhe

der **Schul|bus,** die Schulbusse

die **Schuld**

schul|dig

die **Schu|le,** die Schulen

der **Schü|ler,** die Schüler

die **Schü|le|rin,**

die Schülerinnen

der **Schul|hof,** die Schulhöfe

das **Schul|jahr,** die Schuljahre

der **Schul|lei|ter,**

die Schulleiter

die **Schul|lei|te|rin,**
die Schulleiterinnen

die **Schul|ter,** die Schultern

schum|meln,
er/sie schummelt,
schummelte

der **Schup|pen,** die Schuppen

die **Schür|ze,** die Schürzen

der **Schuss,** die Schüsse

die **Schüs|sel,** die Schüsseln

der **Schus|ter,** die Schuster

die **Schus|te|rin,** die
Schusterinnen

schüt|teln, er/sie schüttelt,
schüttelte

schüt|ten, er/sie schüttet,
schüttete

der **Schutz**

schüt|zen, er/sie schützt,
schützte

schwach, schwächer, am
schwächsten (↔ stark)

die **Schwä|che,** die Schwächen

der **Schwa|ger,** die Schwager

die **Schwä|ge|rin,**
die Schwägerinnen

die **Schwal|be,** die Schwalben

er **schwamm** (→ schwimmen)

der **Schwamm,** die Schwämme

der **Schwan,** die Schwäne

sie **schwang** (→ schwingen)

schwan|ger

die **Schwan|ger|schaft,**
die Schwangerschaften

der **Schwanz,** die Schwänze

schwär|men,
er/sie schwärmt, schwärmte

schwarz

schwat|zen, er/sie schwatzt,
schwatzte

schwe|ben, er/sie schwebt,
schwebte

Schwe|den

schwe|disch

schwei|gen, er/sie schweigt,
schwieg

das **Schwein,** die Schweine

der **Schweiß**

die **Schweiz**

schwei|ze|risch

schwer (↔ leicht)

schwer|hö|rig

das **Schwert,** die Schwerter

die **Schwes|ter,**
die Schwestern

er **schwieg** (→ schweigen)

die **Schwie|ger|mut|ter,**
die Schwiegermütter

der **Schwie|ger|va|ter,**
die Schwiegerväter

schwie|rig (↔ einfach)

die **Schwie|rig|keit,**
die Schwierigkeiten

das **Schwimm|bad,**
die Schwimmbäder

schwim|men,
er/sie schwimmt, schwamm

der **Schwimm|flü|gel,**
die Schwimmflügel

schwin|del|frei

schwin|de|lig

schwin|deln, er/sie
schwindelt, schwindelte

schwin|gen, er/sie schwingt,
schwang

schwit|zen, er/sie schwitzt,
schwitzte

sie **schwor** (→ schwören)

schwö|ren, er/sie schwört,
schwor

der **Schwung,** die Schwünge

der **Schwur,** die Schwüre

sechs

sech|zehn

sech|zig

der **See,** die Seen (Gewässer)

die **See** (Meer)

die **See|le,** die Seelen

se|geln, er/sie segelt, segelte

der **Se|gen,** die Segen

seg|nen, er/sie segnet,
segnete

se|hen, er/sie sieht, sah

die **Seh|ne,** die Sehnen

sich **seh|nen,** er/sie sehnt sich,
sehnte sich

die **Sehn|sucht,**
die Sehnsüchte

sehr

ihr **seid** (→ sein)

die **Sei|de,** die Seiden

die **Sei|fe,** die Seifen

das **Seil,** die Seile

sein, er/sie ist, war

sein, seine, seiner

seit

die **Sei|te,** die Seiten

der **Sekt**

die **Se|kun|de,** die Sekunden

sel|ber, selbst

der **Selbst|laut,** die Selbstlaute

selbst|stän|dig

selbst|ver|ständ|lich

se|lig

sel|ten (↔ häufig, oft)

die **Sem|mel,** die Semmeln

sen|den, er/sie sendet, sandte

die Sen|dung, die Sendungen

der Senf

senk|recht

die Sen|se, die Sensen

der Sep|tem|ber

Ser|bi|en

ser|bisch

die Se|rie, die Serien

die Ser|vi|et|te, die Servietten

ser|vus (landsch. für hallo, tschüss)

der Ses|sel, die Sessel

sich set|zen, er/sie setzt sich, setzte sich

seuf|zen, er/sie seufzt, seufzte

der Seuf|zer, die Seufzer

das Sham|poo, die Shampoos (flüssiges Haarwaschmittel)

der She|riff, die Sheriffs

das Shirt, die Shirts

die Shorts (englisches Wort für eine sportliche kurze Hose)

die Show, die Shows

sich

si|cher

die Si|cher|heit

sie

das Sieb, die Siebe

sie|ben, er/sie siebt, siebte

sie|ben

sieb|zehn

sieb|zig

die Sied|lung, die Siedlungen

der Sieg, die Siege

sie|gen, er/sie siegt, siegte

der Sie|ger, die Sieger

die Sie|ge|rin, die Siegerinnen

er sieht (→ sehen)

sie sieht aus (→ aussehen)

er sieht fern (→ fernsehen)

sie sieht ihn wie|der (→ wiedersehen)

das Si|gnal (Sig|nal), die Signale

die Sil|be, die Silben (Wortbestandteil)

das Sil|ber

sil|bern

das Sil|ves|ter, die Silvester

wir sind (→ sein)

sin|gen, er/sie singt, sang

sin|ken, es sinkt, sank

der Sinn, die Sinne

sinn|los (↔ sinnvoll)

die Si|re|ne, die Sirenen

die Si|tu|a|ti|on, die Situationen

sit|zen, er/sie sitzt, saß

das Skate|board, die Skateboards

der Ska|ter, die Skater

die Ska|te|rin, die Skaterinnen

das Ske|lett, die Skelette

der Ski, die Skier

die Skiz|ze, die Skizzen (Zeichnung)

skiz|zie|ren, er/sie skizziert, skizzierte

der Slip, die Slips (englisches Wort für Unterhose)

die Slo|wa|kei

slo|wa|kisch

Slo|we|ni|en

slo|we|nisch

der Smi|ley, die Smileys (sogenanntes Emoticon in Form eines lachenden Gesichts)

die SMS, die SMS (Abkürzung für englisch **S**hort **M**essage **S**ervice)

das Snow|board, die Snowboards (ein Sportgerät: Brett zum Gleiten auf Schnee)

so

so|bald

die So|cke, die Socken

so|dass

das So|fa, die Sofas

so|fort

die Soft|ware (Computerprogramme)

so|gar

die Soh|le, die Sohlen

der Sohn, die Söhne

die So|lar|ener|gie (Sonnenenergie, die z. B. zum Heizen verwendet wird)

sol|che, solcher, solches

der Sol|dat, die Soldaten

die Sol|da|tin, die Soldatinnen

sol|len, er/sie soll, sollte

der Som|mer, die Sommer

die Som|mer|fe|ri|en

som|mer|lich (↔ winterlich)

son|dern

der Song, die Songs

der Sonn|abend, die Sonnabende

die Son|ne, die Sonnen

die Son|nen|blu|me, die Sonnenblumen

der Son|nen|schirm,
die Sonnenschirme

son|nig

der Sonn|tag, die Sonntage

sonst

die Sor|ge, die Sorgen

sich sor|gen, er/sie sorgt sich,
sorgte sich

die Sorg|falt

die Sor|te, die Sorten

sor|tie|ren, er/sie sortiert,
sortierte

die So|ße, die Soßen

so|wie

so|zi|al

die Spa|ghet|ti

die Span|ge, die Spangen

Spa|ni|en

spa|nisch

sie spann (→ spinnen)

span|nend

das Spar|buch, die Sparbücher

spa|ren, er/sie spart,
sparte

spar|sam
(↔ verschwenderisch)

das Spar|schwein,
die Sparschweine

der Spaß, die Späße

spa|ßig

spät (↔ früh)

der Spa|ten, die Spaten

spä|ter

der Spatz, die Spatzen

spa|zie|ren, er/sie spaziert,
spazierte

der Spa|zier|gang,
die Spaziergänge

der Specht, die Spechte

der Spei|cher, die Speicher

die Spei|se, die Speisen

spei|sen, er/sie speist,
speiste

die Spen|de, die Spenden

spen|den, er/sie spendet,
spendete

der Sper|ling, die Sperlinge

sper|ren, er/sie sperrt,
sperrte

der Spe|zi|a|list,
die Spezialisten

die Spe|zi|a|lis|tin,
die Spezialistinnen

spe|zi|ell

der Spie|gel, die Spiegel

sich spie|geln,
er/sie spiegelt sich,
spiegelte sich

das **Spiel,** die Spiele
    spie|len, er/sie spielt, spielte
der **Spie|ler,** die Spieler
die **Spie|le|rin,** die Spielerinnen
der **Spiel|platz,** die Spielplätze
die **Spiel|re|gel,** die Spielregeln
das **Spiel|zeug,** die Spielzeuge
der **Spi|nat**
die **Spin|ne,** die Spinnen
    spin|nen, er/sie spinnt,
    spann
    spitz *(↔ stumpf)*
die **Spit|ze,** die Spitzen
der **Sport**
der **Sport|ler,** die Sportler
die **Sport|le|rin,**
    die Sportlerinnen
    sport|lich
der **Sport|platz,**
    die Sportplätze
der **Sport|ver|ein,**
    die Sportvereine
der **Spot,** die Spots
    (englisches Wort für einen
    kurzen Werbetext oder -film)
er **sprach** (→ sprechen)
die **Spra|che,** die Sprachen
sie **sprang** (→ springen)
das **Spray,** die Sprays

spre|chen, er/sie spricht,
    sprach
er **spricht** (→ sprechen)
das **Sprich|wort,**
    die Sprichwörter
    sprin|gen, er/sie springt,
    sprang
der **Sprit**
die **Sprit|ze,** die Spritzen
    sprit|zen, er/sie spritzt,
    spritzte
der **Spruch,** die Sprüche
    sprü|hen, er/sie sprüht,
    sprühte
der **Sprung,** die Sprünge
die **Spu|cke**
    spu|cken, er/sie spuckt,
    spuckte
der **Spuk**
    spu|ken, es spukt, spukte
    spü|len, er/sie spült, spülte
die **Spur,** die Spuren
    spü|ren, er/sie spürt, spürte
der **Staat,** die Staaten
    staat|lich
der **Stab,** die Stäbe
    sta|bil *(fest)*
sie **stach** (→ stechen)
der **Sta|chel,** die Stachel

das **Sta|di|on,** die Stadien
   (Versammlungsort, z. B.
   für Sportwettkämpfe)

die **Stadt,** die Städte
   städ|tisch *(↔ ländlich,*
   dörflich)

die **Staf|fel,** die Staffeln

der **Stahl**

   er **stahl** *(→ stehlen)*

der **Stall,** die Ställe

der **Stamm,** die Stämme

   sie **stand** *(→ stehen)*

   er **stand auf** *(→ aufstehen)*

die **Stan|ge,** die Stangen

der **Stän|gel,** die Stängel

   es **stank** *(→ stinken)*

der **Sta|pel,** die Stapel
   sta|peln, er/sie stapelt,
   stapelte

der **Star,** die Stare *(ein Vogel)*

der **Star,** die Stars
   (englisches Wort für eine
   berühmte Person, z. B. einen
   Schauspieler)

   sie **starb** *(→ sterben)*
   stark, stärker, am stärksten
   (↔ schwach, mild)
   stär|ken, er/sie stärkt,
   stärkte

starr *(↔ biegsam, beweglich)*

der **Start,** die Starts
   star|ten, er/sie startet,
   startete

die **Sta|ti|on,** die Stationen
   statt|fin|den,
   es findet statt, fand statt
   statt|ge|fun|den
   (→ stattfinden)

der **Stau,** die Staus

der **Staub**
   stau|big

der **Staub|sau|ger,**
   die Staubsauger
   stau|nen, er/sie staunt,
   staunte
   ste|chen, er/sie sticht, stach
   ste|cken, er/sie steckt,
   steckte

der **Ste|cker,** die Stecker

der **Steg,** die Stege
   ste|hen, er/sie steht, stand
   steh|len, er/sie stiehlt, stahl
   steif *(↔ biegsam, beweglich)*
   stei|gen, er/sie steigt, stieg
   stei|gern, er/sie steigert,
   steigerte
   steil *(↔ flach)*

der **Stein,** die Steine

stei|nig

die **Stel|le,** die Stellen

stel|len, er/sie stellt, stellte

die **Stel|lung,** die Stellungen

die **Stel|ze,** die Stelzen

der **Stem|pel,** die Stempel

die **Step|pe,** die Steppen

ster|ben, er/sie stirbt, starb

die **Ste|reo|an|la|ge,**
die Stereoanlagen
(Musikanlage)

der **Stern,** die Sterne

stets

das **Steu|er,** die Steuer

steu|ern, er/sie steuert,
steuerte

der **Stich,** die Stiche

er **sticht** (→ stechen)

das **Stich|wort,** die Stichworte,
die Stichwörter

sti|cken, er/sie stickt, stickte

der **Sti|cker,** die Sticker
(englisches Wort für Aufkleber)

sti|ckig

der **Stie|fel,** die Stiefel

sie **stieg** (→ steigen)

er **stiehlt** (→ stehlen)

der **Stiel,** die Stiele

der **Stier,** die Stiere

sie **stieß** (→ stoßen)

er **stieß zu|sam|men**
(→ zusammenstoßen)

der **Stift,** die Stifte

still (↔ laut, unruhig)

die **Stil|le**

die **Stim|me,** die Stimmen

stim|men, es stimmt,
stimmte

stin|ken, er/sie stinkt, stank

sie **stirbt** (→ sterben)

die **Stirn,** die Stirnen

stö|bern, er/sie stöbert,
stöberte

der **Stock,** die Stöcke

das **Stock|werk,**
die Stockwerke

der **Stoff,** die Stoffe

das **Stoff|tier,** die Stofftiere

stöh|nen, er/sie stöhnt,
stöhnte

stol|pern, er/sie stolpert,
stolperte

stolz

der **Stolz**

der **Stop|fen,** die Stopfen

stop|fen, er/sie stopft,
stopfte

der **Stopp,** die Stopps

stop|pen, er/sie stoppt, stoppte

das Stopp|schild, die Stoppschilder

die Stopp|uhr, die Stoppuhren

der Storch, die Störche

stö|ren, er/sie stört, störte

stör|risch (↔ nachgiebig)

die Stö|rung, die Störungen

der Stoß, die Stöße

sto|ßen, er/sie stößt, stieß

er stößt zu|sam|men (→ zusammenstoßen)

stot|tern, er/sie stottert, stotterte

die Stra|fe, die Strafen

stra|fen, er/sie straft, strafte

der Strahl, die Strahlen

strah|len, er/sie strahlt, strahlte

die Sträh|ne, die Strähnen

der Strand, die Strände

die Stra|ße, die Straßen

die Stra|ßen|bahn, die Straßenbahnen

der Strauch, die Sträucher

der Strauß, die Sträuße

die Stre|cke, die Strecken

der Streich, die Streiche

strei|cheln, er/sie streichelt, streichelte

strei|chen, er/sie streicht, strich

das Streich|holz, die Streichhölzer

der Strei|fen, die Streifen

der Streik, die Streiks

der Streit, die Streite

sich strei|ten, er/sie streitet sich, stritt sich

streng (↔ nachgiebig)

die Stren|ge

der Stress

streu|en, er/sie streut, streute

streu|nen, er/sie streunt, streunte

der Streu|sel, die Streusel

sie strich (→ streichen)

der Strich, die Striche

der Strick, die Stricke

stri|cken, er/sie strickt, strickte

er stritt (→ streiten)

das Stroh

der Stroh|halm, die Strohhalme

der Strom (Elektrizität)

der Strom, die Ströme (Fluss)

strö|men, er/sie strömt, strömte

die **Stro|phe**, die Strophen *(Teil eines Gedichts oder Liedes)*

der **Strumpf**, die Strümpfe

die **Strumpf|ho|se**, die Strumpfhosen

die **Stu|be**, die Stuben *(Zimmer)*

das **Stück**, die Stücke

stu|die|ren, er/sie studiert, studierte

das **Stu|di|um**

die **Stu|fe**, die Stufen

der **Stuhl**, die Stühle

stumm

stumpf *(↔ spitz)*

die **Stun|de**, die Stunden

der **Stun|den|plan**, die Stundenpläne

stur

der **Sturm**, die Stürme

stür|men, es stürmt, stürmte

stür|misch *(↔ windstill)*

der **Sturz**, die Stürze

stür|zen, er/sie stürzt, stürzte

die **Stu|te**, die Stuten

stüt|zen, er/sie stützt, stützte

das **Sub|jekt**, die Subjekte *(Satzgegenstand)*

das **Subs|tan|tiv (Sub|stan|tiv)**, die Substantive *(Wortart: Nomen)*

sub|tra|hie|ren, er/sie subtrahiert, subtrahierte

die **Sub|trak|ti|on**, die Subtraktionen

su|chen, er/sie sucht, suchte

die **Such|ma|schi|ne**, die Suchmaschinen *(Programm für die Suche nach Informationen im Internet)*

die **Sucht**, die Süchte

der **Sü|den**

süd|lich

die **Sum|me**, die Summen

sum|men, er/sie summt, summte

der **Sumpf**, die Sümpfe

die **Sün|de**, die Sünden

su|per

der **Su|per|markt**, die Supermärkte

die **Sup|pe**, die Suppen

sur|fen, er/sie surft, surfte

süß (↔ sauer)
die Sü|ßig|keit, die Süßigkeiten
das Sweat|shirt, die Sweatshirts
das Sym|bol, die Symbole
(Sinnbild)
das Sys|tem, die Systeme
die Sze|ne, die Szenen

T

die Ta|bel|le, die Tabellen
das Ta|blett (Tab|lett),
die Tabletts
die Ta|blet|te (Tab|let|te),
die Tabletten
der Ta|cho, die Tachos
(Geschwindigkeitsmesser)
ta|deln, er/sie tadelt, tadelte
die Ta|fel, die Tafeln
der Tag, die Tage
das Ta|ge|buch, die Tagebücher
täg|lich
der Takt, die Takte
das Tal, die Täler
der Tank, die Tanks
tan|ken, er/sie tankt, tankte

der Tan|ker, die Tanker
die Tank|stel|le, die Tankstellen
die Tan|ne, die Tannen
die Tan|te, die Tanten
der Tanz, die Tänze
tan|zen, er/sie tanzt, tanzte
der Tän|zer, die Tänzer
die Tän|ze|rin, die Tänzerinnen
die Ta|pe|te, die Tapeten
ta|pe|zie|ren, er/sie
tapeziert, tapezierte
tap|fer (↔ feige, mutlos)
die Tap|fer|keit
die Ta|sche, die Taschen
das Ta|schen|tuch,
die Taschentücher
die Tas|se, die Tassen
die Tas|ta|tur, die Tastaturen
die Tas|te, die Tasten
tas|ten, er/sie tastet, tastete
er tat (→ tun)
die Tat, die Taten
der Tä|ter, die Täter
die Tä|te|rin, die Täterinnen
tä|tig
die Tä|tig|keit, die Tätigkeiten
die Tat|sa|che, die Tatsachen
tat|säch|lich
die Tat|ze, die Tatzen

A
B
C
D
E
F
G
H
I
J
K
L
M
N
O
P
Q
R
S
T
U
V
W
X
Y
Z

der **Tau**

das **Tau,** die Taue *(ein starkes Seil)*

taub *(↔ hörend)*

die **Tau|be,** die Tauben

tau|chen, er/sie taucht, tauchte

der **Tau|cher,** die Taucher

die **Tau|che|rin,** die Taucherinnen

tau|en, es taut, taute

die **Tau|fe,** die Taufen

der **Tausch,** die Tausche

tau|schen, er/sie tauscht, tauschte

tau|send

das **Ta|xi,** die Taxis

das **Team,** die Teams *(englisches Wort für Arbeitsgruppe oder Mannschaft)*

die **Tech|nik,** die Techniken

tech|nisch

der **Ted|dy,** die Teddys

der **Tee,** die Tees

der **Teer**

der **Teich,** die Teiche

der **Teig,** die Teige

der **Teil,** die Teile

tei|len, er/sie teilt, teilte

teil|wei|se *(↔ vollständig)*

das **Te|le|fon,** die Telefone

te|le|fo|nie|ren, er/sie telefoniert, telefonierte

die **Te|le|fon|num|mer,** die Telefonnummern

das **Te|le|gramm,** die Telegramme

der **Tel|ler,** die Teller

der **Tem|pel,** die Tempel

die **Tem|pe|ra|tur,** die Temperaturen

das **Tem|po** *(Geschwindigkeit)*

das **Ten|nis**

der **Tep|pich,** die Teppiche

der **Ter|min,** die Termine

die **Ter|ras|se,** die Terrassen

der **Test,** die Tests

tes|ten, er/sie testet, testete

teu|er *(↔ billig, preiswert)*

der **Teu|fel,** die Teufel

der **Text,** die Texte

das **The|a|ter,** die Theater

die **The|ke,** die Theken

das **The|ma,** die Themen *(Leitgedanke, z. B. eines Aufsatzes; Gesprächsstoff in einer Unterhaltung)*

die **The|o|rie,** die Theorien

das **Ther|mo|me|ter**
die Thermometer
(Temperaturmessgerät)

der **Thron,** die Throne

Thü|rin|gen

ti|cken, er/sie tickt, tickte

das **Ti|cket,** die Tickets

tief *(↔ hoch)*

die **Tie|fe,** die Tiefen

das **Tier,** die Tiere

der **Tier|arzt,** die Tierärzte

die **Tier|ärz|tin,**
die Tierärztinnen

das **Tier|heim,**
die Tierheime

der **Tier|pfle|ger,**
die Tierpfleger

die **Tier|pfle|ge|rin,**
die Tierpflegerinnen

der **Tier|schutz**

der **Ti|ger,** die Tiger

die **Tin|te,** die Tinten

der **Tipp,** die Tipps

tip|pen, er/sie tippt, tippte

der **Tisch,** die Tische

der **Toast,** die Toasts

die **Toch|ter,** die Töchter

der **Tod,** die Tode

töd|lich

die **To|i|let|te,** die Toiletten

toll

die **To|ma|te,** die Tomaten

der **Ton** *(erdiges Material, aus
dem durch Brennen z.B.
Geschirr oder Vasen hergestellt
werden können)*

der **Ton,** die Töne *(Laut)*

die **Ton|ne,** die Tonnen

der **Topf,** die Töpfe

das **Tor,** die Tore

der **Tor|nis|ter,** die Tornister
(Schulranzen)

die **Tor|te,** die Torten

der **Tor|wart,** die Torwarte

tot *(↔ lebendig)*

to|tal

der **To|te,** die Toten

die **To|te,** die Toten

tö|ten, er/sie tötet, tötete

sich **tot|la|chen,** er/sie lacht sich
tot, lachte sich tot

die **Tour,** die Touren

der **Tou|rist,** die Touristen

die **Tou|ris|tin,** die Touristinnen

der **Trab**

tra|ben, er/sie trabt, trabte

die **Tra|di|ti|on,** die Traditionen
(Brauch, Gewohnheit)

A
B
C
D
E
F
G
H
I
J
K
L
M
N
O
P
Q
R
S
T
U
V
W
X
Y
Z

tra|di|ti|o|nell (↔ neu, modern)

sie **traf** (→ treffen)

tra|gen, er/sie trägt, trug

er **trägt** (→ tragen)

der **Trai|ner**, die Trainer

die **Trai|ne|rin**, die Trainerinnen

trai|nie|ren, er/sie trainiert, trainierte

das **Trai|ning**, die Trainings

der **Trak|tor**, die Traktoren

tram|peln, er/sie trampelt, trampelte

das **Tram|po|lin**, die Trampoline

die **Trä|ne**, die Tränen

sie **trank** (→ trinken)

der **Trans|port**, die Transporte

trans|por|tie|ren, er/sie transportiert, transportierte

er **trat** (→ treten)

die **Trau|be**, die Trauben

die **Trau|er**

trau|ern, er/sie trauert, trauerte

der **Traum**, die Träume

träu|men, er/sie träumt, träumte

trau|rig (↔ fröhlich)

die **Trau|ung**, die Trauungen

tref|fen, er/sie trifft, traf

trei|ben, er/sie treibt, trieb

tren|nen, er/sie trennt, trennte

die **Tren|nung**, die Trennungen

die **Trep|pe**, die Treppen

tre|ten, er/sie tritt, trat

treu

die **Treue**

die **Tri|bü|ne**, die Tribünen

der **Trich|ter**, die Trichter

der **Trick**, die Tricks

sie **trieb** (→ treiben)

er **trifft** (→ treffen)

das **Tri|kot**, die Trikots (ein Kleidungsstück, z. B. beim Sport)

trin|ken, er/sie trinkt, trank

sie **tritt** (→ treten)

der **Tritt**, die Tritte

tro|cken (↔ nass, feucht)

die **Tro|cken|heit**

trock|nen, er/sie trocknet, trocknete

trö|deln, er/sie trödelt, trödelte

die **Trom|mel**, die Trommeln

trom|meln, er/sie trommelt, trommelte

die Trom|pe|te, die Trompeten

der Trop|fen, die Tropfen

trop|fen, es tropft, tropfte

der Trost

trös|ten, er/sie tröstet, tröstete

der Trotz

trotz|dem

trot|zig

trüb (↔ klar)

er trug (→ tragen)

die Tru|he, die Truhen

tsche|chisch

die Tsche|chi|sche Re|pu|blik

tschüss

(Ausruf beim Abschied)

das T-Shirt, die T-Shirts

die Tu|be, die Tuben

das Tuch, die Tücher

tüch|tig

die Tul|pe, die Tulpen

tun, er/sie tut, tat

der Tun|nel, die Tunnels

die Tür, die Türen

die Tür|kei

tür|kisch

der Turm, die Türme

tur|nen, er/sie turnt, turnte

die Turn|hal|le, die Turnhallen

das Tur|nier, die Turniere

der Turn|schuh, die Turnschuhe

die Tu|sche

tu|scheln, er/sie tuschelt, tuschelte

die Tü|te, die Tüten

das TV (Abkürzung für „Television" = Fernsehen)

der Typ, die Typen

ty|pisch

U

die U-Bahn, die U-Bahnen

übel

üben, er/sie übt, übte

über

über|all

über|ar|bei|ten, er/sie überarbeitet, überarbeitete

die Über|ar|bei|tung, die Überarbeitungen

A
B
C
D
E
F
G
H
I
J
K
L
M
N
O
P
Q
R
S
T
U
V
W
X
Y
Z

über|ei|nan|der
(über|ein|an|der)

der Über|fall, die Überfälle

über|fal|len, er/sie überfällt,
überfiel

sie über|fällt (→ überfallen)

er über|fiel (→ überfallen)

über|haupt

über|le|gen, er/sie überlegt,
überlegte

die Über|le|gung,
die Überlegungen

über|mit|teln,
er/sie übermittelt,
übermittelte

über|mor|gen

über|nach|ten,
er/sie übernachtet,
übernachtete

die Über|nach|tung,
die Übernachtungen

sie über|nahm
(→ übernehmen)

über|neh|men,
er/sie übernimmt, übernahm

er über|nimmt
(→ übernehmen)

über|nom|men
(→ übernehmen)

über|prü|fen,
er/sie überprüft, überprüfte

über|que|ren,
er/sie überquert, überquerte

über|ra|schen,
er/sie überrascht,
überraschte

die Über|ra|schung,
die Überraschungen

über|re|den,
er/sie überredet, überredete

die Über|schrift,
die Überschriften

die Über|schwem|mung,
die Überschwemmungen

über|set|zen,
er/sie übersetzt, übersetzte

die Über|set|zung,
die Übersetzungen

über|zeu|gen,
er/sie überzeugt,
überzeugte

die Über|zeu|gung,
die Überzeugungen

üb|lich

das U-Boot, die U-Boote

üb|rig

üb|ri|gens

die Übung, die Übungen

das **Ufer,** die Ufer

das **UFO,** die UFOs

  *(Abkürzung für **U**nbekanntes*
  ***F**lug-**O**bjekt)*

die **Uhr,** die Uhren

die **Uhr|zeit,** die Uhrzeiten

der **Uhu,** die Uhus

um

um|ar|men, er/sie umarmt,
  umarmte

die **Um|ar|mung,**
  die Umarmungen

die **Um|ge|bung**

um|ge|zo|gen
  (→ umziehen)

der **Um|hang,** die Umhänge

um|her

um|keh|ren, er/sie kehrt
  um, kehrte um

der **Um|laut,** die Umlaute

die **Um|lei|tung,**
  die Umleitungen

der **Um|schlag,** die Umschläge

der **Um|weg,** die Umwege

die **Um|welt**

der **Um|welt|schutz**

um|zie|hen,
  er/sie zieht um, zog um

der **Um|zug,** die Umzüge

un|be|dingt

und

un|end|lich

die **Un|end|lich|keit**

un|ent|schie|den

un|fair *(unerlaubt, gegen*
  die Regeln)

der **Un|fall,** die Unfälle

un|ga|risch

Un|garn

un|ge|dul|dig

un|ge|fähr

un|ge|fähr|lich

das **Un|ge|heu|er,**
  die Ungeheuer

un|ge|recht

die **Un|ge|rech|tig|keit,**
  die Ungerechtigkeiten

das **Un|ge|zie|fer**

das **Un|glück,** die Unglücke

un|glück|lich

un|heim|lich

die **Uni|form,** die Uniformen

das **Un|kraut,** die Unkräuter

das **Un|recht**

uns

die **Un|schuld**

un|schul|dig

un|ser, unsere, unseres

der Un|sinn

un|ten

un|ter

sie un|ter|brach

(→ unterbrechen)

un|ter|bre|chen,

er/sie unterbricht,

unterbrach

die Un|ter|bre|chung,

die Unterbrechungen

er un|ter|bricht

(→ unterbrechen)

un|ter|bro|chen

(→ unterbrechen)

un|ter|ei|nan|der

(un|ter|ein|an|der)

der Un|ter|gang,

die Untergänge

sie un|ter|hält sich

(→ sich unterhalten)

sich un|ter|hal|ten,

er/sie unterhält sich,

unterhielt sich

die Un|ter|hal|tung,

die Unterhaltungen

er un|ter|hielt sich

(→ sich unterhalten)

sie un|ter|nahm

(→ unternehmen)

un|ter|neh|men,

er/sie unternimmt, unternahm

er un|ter|nimmt

(→ unternehmen)

un|ter|nom|men

(→ unternehmen)

der Un|ter|richt

un|ter|rich|ten,

er/sie unterrichtet,

unterrichtete

sich un|ter|schei|den,

er/sie unterscheidet sich,

unterschied sich

sie un|ter|schied sich

(→ sich unterscheiden)

der Un|ter|schied,

die Unterschiede

un|ter|schie|den

(→ sich unterscheiden)

die Un|ter|schrift,

die Unterschriften

un|ter|stüt|zen,

er/sie unterstützt,

unterstützte

un|ter|su|chen,

er/sie untersucht,

untersuchte

die Un|ter|su|chung,

die Untersuchungen

un|ter|wegs

un|ver|schämt

(↔ höflich, maßvoll)

die Un|ver|schämt|heit,

die Unverschämtheiten

un|vor|sich|tig

das Un|wet|ter,

die Unwetter

die Ur|groß|mut|ter,

die Urgroßmütter

der Ur|groß|va|ter,

die Urgroßväter

der Urin

der Ur|laub, die Urlaube

die Ur|sa|che, die Ursachen

das Ur|teil, die Urteile

ur|tei|len, er/sie urteilt,

urteilte

der Ur|wald, die Urwälder

die USA *(Abkürzung für*

United States of America)

V

der Va|len|tins|tag,

die Valentinstage

der Vam|pir, die Vampire

die Va|nil|le

das Va|nil|le|eis

die Va|se, die Vasen

der Va|ter, die Väter

das Va|ter|un|ser,

die Vaterunser *(ein Gebet*

der Christen)

der Va|ti, die Vatis

der Ve|ge|ta|ri|er, die Vegetarier

(jemand, der kein Fleisch isst)

die Ve|ge|ta|ri|e|rin,

die Vegetarierinnen

das Veil|chen, die Veilchen

der Ven|ti|la|tor,

die Ventilatoren

sich ver|ab|re|den,

er/sie verabredet sich,

verabredete sich

die Ver|ab|re|dung,

die Verabredungen

sich ver|ab|schie|den,

er/sie verabschiedet sich,

verabschiedete sich

ver|ach|ten,
er/sie verachtet, verachtete

die Ver|ach|tung

die Ve|ran|da, die Veranden

ver|an|stal|ten,
er/sie veranstaltet,
veranstaltete

die Ver|an|stal|tung,
die Veranstaltungen

ver|ant|wor|ten,
er/sie verantwortet,
verantwortete

ver|ant|wort|lich

die Ver|ant|wor|tung

ver|ant|wor|tungs|be|wusst

das Verb, die Verben (Wortart)

er ver|band (→ verbinden)

der Ver|band, die Verbände

ver|bes|sern,
er/sie verbessert, verbesserte

sich ver|beu|gen,
er/sie verbeugt sich,
verbeugte sich

die Ver|beu|gung,
die Verbeugungen

ver|bie|ten, er/sie verbietet,
verbot

ver|bin|den,
er/sie verbindet, verband

ver|blüfft

er ver|bot (→ verbieten)

das Ver|bot, die Verbote

ver|bo|ten (→ verbieten)

ver|brannt (→ verbrennen)

es ver|brann|te
(→ verbrennen)

ver|brau|chen,
er/sie verbraucht, verbrauchte

das Ver|bre|chen,
die Verbrechen

der Ver|bre|cher,
die Verbrecher

die Ver|bre|che|rin,
die Verbrecherinnen

ver|bren|nen,
er/sie verbrennt, verbrannte

die Ver|bren|nung,
die Verbrennungen

ver|bun|den (→ verbinden)

der Ver|dacht, die Verdachte

ver|däch|ti|gen,
er/sie verdächtigt,
verdächtigte

ver|dau|en, er/sie verdaut,
verdaute

die Ver|dau|ung

ver|die|nen, er/sie verdient,
verdiente

der Ver|dienst, die Verdienste

ver|duns|ten,

es verdunstet, verdunstete

ver|eh|ren, er/sie verehrt,

verehrte

der Ver|ein, die Vereine

ver|ei|nen, er/sie vereint,

vereinte

ver|fol|gen, er/sie verfolgt,

verfolgte

die Ver|fol|gung,

die Verfolgungen

sie ver|gab (→ vergeben)

die Ver|gan|gen|heit

er ver|gaß (→ vergessen)

ver|ge|ben, er/sie vergibt,

vergab

ver|geb|lich

die Ver|ge|bung,

die Vergebungen

ver|ges|sen, er/sie vergisst,

vergaß

sie ver|gibt (→ vergeben)

er ver|gisst (→ vergessen)

der Ver|gleich, die Vergleiche

ver|glei|chen,

er/sie vergleicht, verglich

sie ver|glich (→ vergleichen)

ver|gli|chen (→ vergleichen)

das Ver|gnü|gen,

die Vergnügen

sich ver|ir|ren, er/sie verirrt sich,

verirrte sich

ver|kau|fen, er/sie verkauft,

verkaufte

der Ver|käu|fer, die Verkäufer

die Ver|käu|fe|rin,

die Verkäuferinnen

der Ver|kehr

die Ver|kehrs|re|gel,

die Verkehrsregeln

ver|kehrt

sich ver|klei|den,

er/sie verkleidet sich,

verkleidete sich

ver|lan|gen, er/sie verlangt,

verlangte

ver|län|gern,

er/sie verlängert, verlängerte

die Ver|län|ge|rung,

die Verlängerungen

ver|las|sen, er/sie verlässt,

verließ

er ver|lässt (→ verlassen)

ver|let|zen, er/sie verletzt,

verletzte

die Ver|let|zung,

die Verletzungen

sich **ver|lie|ben,**
  er/sie verliebt sich,
  verliebte sich
ver|lie|ren, er/sie verliert,
  verlor
sie **ver|ließ** (→ verlassen)
er **ver|lor** (→ verlieren)
ver|lo|ren (→ verlieren)
die **Ver|lo|sung,**
  die Verlosungen
der **Ver|lust,** die Verluste
ver|mei|den,
  er/sie vermeidet, vermied
sie **ver|mied**
  (→ vermeiden)
ver|mie|den
  (→ vermeiden)
ver|mu|ten, er/sie vermutet,
  vermutete
die **Ver|mu|tung,**
  die Vermutungen
ver|nich|ten,
  er/sie vernichtet,
  vernichtete
die **Ver|nich|tung**
die **Ver|nunft**
ver|nünf|tig
ver|pa|cken, er/sie verpackt,
  verpackte

die **Ver|pa|ckung,**
  die Verpackungen
ver|pas|sen, er/sie verpasst,
  verpasste
ver|pfle|gen,
  er/sie verpflegt, verpflegte
die **Ver|pfle|gung**
der **Ver|rat**
er **ver|rät** (→ verraten)
ver|ra|ten, er/sie verrät,
  verriet
der **Ver|rä|ter,** die Verräter
die **Ver|rä|te|rin,**
  die Verräterinnen
ver|rei|sen, er/sie verreist,
  verreiste
sie **ver|riet** (→ verraten)
ver|rückt (↔ normal)
der **Vers,** die Verse
  (Zeile oder Strophe
  eines Gedichts)
ver|säu|men,
  er/sie versäumt, versäumte
das **Ver|säum|nis,**
  die Versäumnisse
ver|schie|den
  (↔ gleich)
ver|schla|fen,
  er/sie verschläft, verschlief

er ver|schläft (→ verschlafen)

sie ver|schlang

   (→ verschlingen)

er ver|schlief (→ verschlafen)

ver|schlie|ßen,

   er/sie verschließt, verschloss

ver|schlin|gen,

   er/sie verschlingt, verschlang

sie ver|schloss

   (→ verschließen)

ver|schlos|sen

   (→ verschließen)

ver|schlun|gen

   (→ verschlingen)

der Ver|schluss,

   die Verschlüsse

ver|schlüs|seln,

   er/sie verschlüsselt,

   verschlüsselte

ver|schmut|zen,

   er/sie verschmutzt,

   verschmutzte

die Ver|schmut|zung,

   die Verschmutzungen

er ver|schwand

   (→ verschwinden)

ver|schwen|den,

   er/sie verschwendet,

   verschwendete

ver|schwin|den,

   er/sie verschwindet,

   verschwand

ver|schwun|den

   (→ verschwinden)

ver|se|hent|lich

die Ver|si|che|rung,

   die Versicherungen

sich ver|söh|nen, er/sie versöhnt

   sich, versöhnte sich

die Ver|söh|nung,

   die Versöhnungen

sich ver|spä|ten,

   er/sie verspätet sich,

   verspätete sich

die Ver|spä|tung,

   die Verspätungen

sie ver|sprach

   (→ versprechen)

das Ver|spre|chen,

   die Versprechen

ver|spre|chen,

   er/sie verspricht, versprach

er ver|spricht (→ versprechen)

ver|spro|chen

   (→ versprechen)

der Ver|stand

sie ver|stand (→ verstehen)

ver|stan|den (→ verstehen)

ver|stän|di|gen,
er/sie verständigt,
verständigte

die Ver|stän|di|gung

ver|ständ|lich

ver|stau|chen,
er/sie verstaucht, verstauchte

die Ver|stau|chung,
die Verstauchungen

ver|ste|cken,
er/sie versteckt, versteckte

ver|ste|hen, er/sie versteht,
verstand

der Ver|such, die Versuche

ver|su|chen, er/sie versucht,
versuchte

ver|tei|len, er/sie verteilt,
verteilte

der Ver|trag, die Verträge

sich ver|tra|gen,
er/sie verträgt sich,
vertrug sich

er ver|trägt sich
(→ sich vertragen)

das Ver|trau|en

ver|trau|en, er/sie vertraut,
vertraute

sie ver|trug sich
(→ sich vertragen)

ver|ur|tei|len,
er/sie verurteilt, verurteilte

die Ver|ur|tei|lung,
die Verurteilungen

ver|wandt

der Ver|wand|te, die Verwandten

die Ver|wand|te,
die Verwandten

die Ver|wandt|schaft

ver|wech|seln,
er/sie verwechselt,
verwechselte

die Ver|wechs|lung,
die Verwechslungen

ver|wen|den,
er/sie verwendet, verwendete

die Ver|wen|dung,
die Verwendungen

ver|wöh|nen,
er/sie verwöhnt, verwöhnte

ver|wun|den,
er/sie verwundet, verwundete

ver|wun|dert

die Ver|wun|dung,
die Verwundungen

ver|zau|bern,
er/sie verzaubert, verzauberte

ver|zei|hen, er/sie verzeiht,
verzieh

der Ver|zicht, die Verzichte

ver|zich|ten,
er/sie verzichtet, verzichtete

sie ver|zieh (→ verzeihen)

ver|zie|hen (→ verzeihen)

ver|zie|ren, er/sie verziert,
verzierte

ver|zwei|feln,
er/sie verzweifelt, verzweifelte

die Ver|zweif|lung

der Vet|ter, die Vetter

das Vi|deo, die Videos

der Vi|deo|clip, die Videoclips
(englisches Wort für einen
kurzen Videofilm)

die Vi|deo|thek,
die Videotheken
(Sammlung von Video-
filmen zum Ausleihen)

das Vieh

viel, viele

viel|leicht

vier

das Vier|eck, die Vierecke

die Vier|tel|stun|de,
die Viertelstunden

vier|zehn

vier|zig

die Vil|la, die Villen

vi|o|lett

die Vi|o|li|ne, die Violinen
(Geige)

das Vi|rus / der Virus, die Viren

das Vi|ta|min, die Vitamine

der Vo|gel, die Vögel

die Vo|ka|bel, die Vokabeln

der Vo|kal, die Vokale

das Volk, die Völker

voll (↔ leer)

der Vol|ley|ball, die Volleybälle

voll|kom|men

voll|stän|dig (↔ teilweise)

vom

von

von|ei|nan|der
(von|ein|an|der)

vor

vo|ran (vor|an)

vo|raus (vor|aus)

vor|bei

das Vor|bild, die Vorbilder

die Vor|fahrt

vor|füh|ren, er/sie führt vor,
führte vor

die Vor|füh|rung,
die Vorführungen

vor|ge|gan|gen
(→ vorgehen)

vor|ge|hen, er/sie geht vor, ging vor

vor|ges|tern

der Vor|hang, die Vorhänge

vor|her

vor|le|sen, er/sie liest vor, las vor

der Vor|mit|tag, die Vormittage

vor|mit|tags

der Vor|na|me, die Vornamen

vor|nehm

der Vor|rat, die Vorräte

vor|rä|tig

vor|sa|gen, er/sie sagt vor, sagte vor

der Vor|schlag, die Vorschläge

vor|schla|gen, er/sie schlägt vor, schlug vor

die Vor|sicht

vor|sich|tig (↔ leichtfertig)

sich vor|stel|len, er/sie stellt sich vor, stellte sich vor

die Vor|stel|lung, die Vorstellungen

der Vor|teil, die Vorteile

vo|rü|ber (vor|ü|ber)

die Vor|wahl, die Vorwahlen

vor|wärts

der Vul|kan, die Vulkane

W

die Waa|ge, die Waagen

waa|ge|recht

die Wa|be, die Waben

wach

das Wachs

wach|sam

wach|sen, er/sie wächst, wuchs

sie wächst (→ wachsen)

wa|ckeln, er/sie wackelt, wackelte

die Wa|de, die Waden

die Waf|fe, die Waffen

die Waf|fel, die Waffeln

der Wa|gen, die Wagen

die Wahl, die Wahlen

wäh|len, er/sie wählt, wählte

wahr

wäh|rend

die Wahr|heit, die Wahrheiten

wahr|schein|lich

die **Wai|se,** die Waisen
(Kind ohne Eltern)

der **Wal,** die Wale

der **Wald,** die Wälder

die **Wal|nuss,** die Walnüsse

die **Wal|ze,** die Walzen

die **Wand,** die Wände

wan|dern, er/sie wandert,
wanderte

die **Wan|de|rung,**
die Wanderungen

die **Wand|ta|fel,**
die Wandtafeln

wann

die **Wan|ne,** die Wannen

das **Wap|pen,** die Wappen

sie **war** (→ sein)

er **warb** (→ werben)

die **Wa|re,** die Waren

sie **wa|ren** (→ sein)

sie **warf** (→ werfen)

warm, wärmer, am
wärmsten (↔ *kalt*)

die **Wär|me**

wär|men, er/sie wärmt,
wärmte

die **Wärm|fla|sche,**
die Wärmflaschen

war|nen, er/sie warnt,
warnte

die **War|nung,**
die Warnungen

war|ten, er/sie wartet,
wartete

wa|rum (war|um)

die **War|ze,** die Warzen

was

der **Wasch|bär,** die Waschbären

wa|schen, er/sie wäscht,
wusch

der **Wasch|lap|pen,**
die Waschlappen

sie **wäscht** (→ waschen)

das **Was|ser**

der **Was|ser|hahn,**
die Wasserhähne

was|ser|scheu

das **Watt,** die Watten
*(seichter Küstenabschnitt
an der Nordsee)*

die **Wat|te**

we|ben, er/sie webt, webte

der **Wech|sel,** die Wechsel

wech|seln, er/sie wechselt,
wechselte

we|cken, er/sie weckt,
weckte

We – we

der **We|cker,** die Wecker

we|deln, er/sie wedelt, wedelte

weg

der **Weg,** die Wege

weg|fah|ren, er/sie fährt weg, fuhr weg

weg|ge|gan|gen (→ weggehen)

weg|ge|hen, er/sie geht weg, ging weg

weg|ge|nom|men (→ wegnehmen)

weg|lau|fen, er/sie läuft weg, lief weg

weg|neh|men, er/sie nimmt weg, nahm weg

weh

we|hen, er/sie weht, wehte

sich **weh|ren,** er/sie wehrt sich, wehrte sich

weib|lich

weich (↔ hart)

die **Wei|de,** die Weiden

sich **wei|gern,** er/sie weigert sich, weigerte sich

die **Wei|ge|rung,** die Weigerungen

Weih|nach|ten

der **Weih|nachts|baum,** die Weihnachtsbäume

die **Weih|nachts|zeit**

weil

der **Wein,** die Weine

wei|nen, er/sie weint, weinte

wei|se (↔ ungebildet)

die **Weis|heit**

weiß

er **weiß** (→ wissen)

weit (↔ eng)

die **Wei|te,** die Weiten

wei|ter

der **Weit|sprung,** die Weitsprünge

der **Wei|zen**

wel|che, welcher, welches

die **Wel|le,** die Wellen

der **Wel|len|sit|tich,** die Wellensittiche

der **Wel|pe,** die Welpen (Tierkind, z. B. von Hund, Fuchs, Wolf)

die **Welt,** die Welten

das **Welt|all**

wem

wen

wen|den, er/sie wendet, wendete

die Wen|dung, die Wendungen

we|nig

wenn

wer

wer|ben, er/sie wirbt, warb

die Wer|bung, die Werbungen

wer|den, er/sie wird, wurde

wer|fen, er/sie wirft, warf

das Werk, die Werke

die Werk|statt, die Werkstätten

das Werk|zeug, die Werkzeuge

der Wert, die Werte

wert|voll

wes|halb

die Wes|pe, die Wespen

die Wes|te, die Westen

der Wes|ten

der Wett|be|werb, die Wettbewerbe

die Wet|te, die Wetten

wet|ten, er/sie wettet, wettete

das Wet|ter

der Wet|ter|be|richt, die Wetterberichte

der Wett|kampf, die Wettkämpfe

das Wett|ren|nen, die Wettrennen

wich|tig

wi|ckeln, er/sie wickelt, wickelte

sie wi|der|sprach (→ widersprechen)

wi|der|spre|chen, er/sie widerspricht, widersprach

er wi|der|spricht (→ widersprechen)

wi|der|spro|chen (→ widersprechen)

wie

wie viel

wie|der

wie|der|ho|len, er/sie wiederholt, wiederholte

die Wie|der|ho|lung, die Wiederholungen

wie|der|se|hen, er/sie sieht wieder, sah wieder

das Wie|der|se|hen, die Wiedersehen

die Wie|ge, die Wiegen

wie|gen, er/sie wiegt, wog

A
B
C
D
E
F
G
H
I
J
K
L
M
N
O
P
Q
R
S
T
U
V
W
X
Y
Z

wie|hern, *es wiehert,*
wieherte
die **Wie|se**, die Wiesen
das **Wie|sel**, die Wiesel
wie|so
das **Wild**
wild *(↔ zahm)*
wil|dern, *er/sie wildert,*
wilderte
die **Wild|nis**
das **Wild|schwein**,
die Wildschweine
sie **will** *(→ wollen)*
will|kom|men
der **Wim|pel**, die Wimpel
(kleine Fahne)
die **Wim|per**, die Wimpern
der **Wind**, die Winde
die **Win|del**, die Windeln
win|dig
die **Wind|po|cken**
(eine Krankheit)
die **Wind|schutz|schei|be**,
die Windschutzscheiben
(Frontscheibe beim Auto)
der **Win|kel**, die Winkel
win|ken, *er/sie winkt, winkte*
win|seln, *er/sie winselt,*
winselte

der **Win|ter**, die Winter
win|ter|lich
der **Win|ter|schlaf**
win|zig *(↔ riesig, groß)*
die **Wip|pe**, die Wippen
wip|pen, *er/sie wippt, wippte*
wir
der **Wir|bel**, die Wirbel
wir|beln, *er/sie wirbelt,*
wirbelte
die **Wir|bel|säu|le**,
die Wirbelsäulen
er **wirbt** *(→ werben)*
sie **wird** *(→ werden)*
er **wirft** *(→ werfen)*
wir|ken, *es wirkt, wirkte*
wirk|lich
die **Wirk|lich|keit**
der **Wir|sing**
(ein Gemüse)
der **Wirt**, die Wirte
die **Wir|tin**, die Wirtinnen
wi|schen, *er/sie wischt,*
wischte
wis|pern, *er/sie wispert,*
wisperte
wis|sen, *er/sie weiß, wusste*
der **Wis|sen|schaft|ler**,
die Wissenschaftler

die Wis|sen|schaft|le|rin,
   die Wissenschaftlerinnen

die Wit|we, die Witwen
   (Frau, deren Ehemann
   gestorben ist)

der Wit|wer, die Witwer

der Witz, die Witze

wit|zig

wo

die Wo|che,
   die Wochen

das Wo|chen|en|de,
   die Wochenenden

der Wo|chen|tag,
   die Wochentage

wö|chent|lich

wo|für

er wog (→ wiegen)

wo|her

wo|hin

wohl

woh|nen, er/sie wohnt,
   wohnte

die Woh|nung,
   die Wohnungen

der Wolf, die Wölfe

die Wol|ke, die Wolken

wol|kig
   (↔ klar, wolkenlos)

die Wol|le

wol|len, er/sie will, wollte

das Woll|knäu|el,
   die Wollknäuel

das Wort, die Wörter

wört|lich

wo|rü|ber

(wor|ü|ber)

wo|von

wo|vor

wo|zu

sie wuchs (→ wachsen)

die Wucht

wund

die Wun|de, die Wunden

das Wun|der, die Wunder

wun|der|bar

die Wun|der|ker|ze,
   die Wunderkerzen

sich wun|dern,
   er/sie wundert sich,
   wunderte sich

der Wunsch, die Wünsche

wün|schen, er/sie wünscht,
   wünschte

er wur|de (→ werden)

der Wurf, die Würfe

der Wür|fel, die Würfel

der Wurm, die Würmer

A
B
C
D
E
F
G
H
I
J
K
L
M
N
O
P
Q
R
S
T
U
V
W
X
Y
Z

A
B
C
D
E
F
G
H
I
J
K
L
M
N
O
P
Q
R
S
T
U
W
X
Y
Z

die **Wurst,** die Würste
das **Würst|chen,**
    die Würstchen
die **Wur|zel,** die Wurzeln
    wür|zen, er/sie würzt, würzte
er **wusch** (→ waschen)
sie **wusch ab** (→ abwaschen)
er **wuss|te** (→ wissen)
die **Wüs|te,** die Wüsten
die **Wut**
    wü|tend
    WWW *(Abkürzung für*
    englisch **W***orld* **W***ide* **W***eb)*

X

die **X-Bei|ne**
    x-bei|nig
das **Xy|lo|fon,** die Xylofone
    (ein Musikinstrument)

Y

das **Yak,** die Yaks
    (eine asiatische Rinderart)
das **Yo|ga** *(Übungen für*
    Körper und Geist,
    ursprünglich aus Indien)
das **Yp|si|lon,** die Ypsilons

Z

    zäh
die **Zahl,** die Zahlen
    zah|len, er/sie zahlt, zahlte
    zäh|len, er/sie zählt, zählte
das **Zahl|wort,** die Zahlwörter
    zahm (↔ wild)
der **Zahn,** die Zähne
der **Zahn|arzt,**
    die Zahnärzte
die **Zahn|ärz|tin,**
    die Zahnärztinnen
die **Zahn|bürs|te,**
    die Zahnbürsten
die **Zahn|pas|ta**

die **Zahn|span|ge,**
die Zahnspangen

die **Zan|ge,** die Zangen

sich **zan|ken,** er/sie zankt sich,
zankte sich

das **Zäpf|chen,** die Zäpfchen

der **Zap|fen,** die Zapfen

zap|peln, er/sie zappelt,
zappelte

zart

zärt|lich (↔ grob)

die **Zärt|lich|keit**

der **Zau|be|rer,** die Zauberer

die **Zau|be|rin,** die Zauberinnen

zau|bern, er/sie zaubert,
zauberte

der **Zaun,** die Zäune

das **Ze|bra (Zeb|ra),** die Zebras

der **Ze|bra|strei|fen**
(Zeb|ra|strei|fen),
die Zebrastreifen

die **Ze|cke,** die Zecken

der **Zeh,** die Zehen

zehn

das **Zei|chen,** die Zeichen

zeich|nen, er/sie zeichnet,
zeichnete

die **Zeich|nung,**
die Zeichnungen

zei|gen, er/sie zeigt, zeigte

der **Zei|ger,** die Zeiger

die **Zei|le,** die Zeilen

die **Zeit,** die Zeiten

das **Zeit|al|ter,** die Zeitalter

die **Zeit|schrift,**
die Zeitschriften

die **Zei|tung,** die Zeitungen

die **Zel|le,** die Zellen

das **Zelt,** die Zelte

die **Zen|sur,** die Zensuren
(Schulnote)

der **Zen|ti|me|ter** (Längenmaß,
z.B. 12 Zentimeter)

der **Zent|ner** (Gewichtsangabe
für 50 Kilogramm)

das **Zen|trum (Zent|rum),**
die Zentren

das **Zep|ter, die** Zepter
(Herrscherstab)

sie **zer|brach** (→ zerbrechen)

zer|bre|chen,
er/sie zerbricht, zerbrach

zer|brech|lich

er **zer|bricht** (→ zerbrechen)

zer|rei|ßen, er/sie zerreißt,
zerriss

sie **zer|riss** (→ zerreißen)

zer|ris|sen (→ zerreißen)

A
B
C
D
E
F
G
H
I
J
K
L
M
N
O
P
Q
R
S
T
U
V
W
X
Y
Z

zer|stö|ren, *er/sie zerstört, zerstörte*

der Zet|tel, *die Zettel*

das Zeug

der Zeu|ge, *die Zeugen*

die Zeu|gin, *die Zeuginnen*

das Zeug|nis, *die Zeugnisse*

die Zie|ge, *die Ziegen*

der Zie|gel, *die Ziegel*

zie|hen, *er/sie zieht, zog*

das Ziel, *die Ziele*

zie|len, *er/sie zielt, zielte*

ziem|lich

zier|lich *(↔ wuchtig, groß)*

die Zif|fer, *die Ziffern*

der Zi|geu|ner, *die Zigeuner (Menschengruppe der Sinti und Roma; der Begriff wird als Beleidigung empfunden und sollte deshalb nicht verwendet werden)*

die Zi|geu|ne|rin, *die Zigeunerinnen*

das Zim|mer, *die Zimmer*

der Zimt

das Zinn *(ein Metall)*

die Zip|fel|müt|ze, *die Zipfelmützen*

der Zir|kel, *die Zirkel*

der Zir|kus, *die Zirkusse*

zi|schen, *er/sie zischt, zischte*

die Zi|tro|ne (Zit|ro|ne), *die Zitronen*

zit|tern, *er/sie zittert, zitterte*

die Zit|ze, *die Zitzen*

er zog *(→ ziehen)*

sie zog an *(→ anziehen)*

er zog aus *(→ ausziehen)*

sie zog um *(→ umziehen)*

zö|gern, *er/sie zögert, zögerte*

der Zoo, *die Zoos*

der Zopf, *die Zöpfe*

der Zorn

zor|nig

zu

zu En|de

zu Hau|se

zu viel

zu we|nig

züch|ten, *er/sie züchtet, züchtete*

der Zu|cker

zu|cker|süß

zu|de|cken, *er/sie deckt zu, deckte zu*

zu|erst

der **Zu|fall**, die Zufälle
zu|frie|den
die **Zu|frie|den|heit**
der **Zug**, die Züge
der **Zü|gel**, die Zügel
zu|gu|cken, er/sie guckt zu, guckte zu
das **Zu|hau|se**
der **Zu|hö|rer**, die Zuhörer
die **Zu|hö|re|rin**, die Zuhörerinnen
die **Zu|kunft**
zu|künf|tig (↔ vergangen)
zu|las|sen, er/sie lässt zu, ließ zu
zu|letzt
zum
die **Zun|ge**, die Zungen
zup|fen, er/sie zupft, zupfte
zur
zu|rück
zu|ru|fen, er/sie ruft zu, rief zu
zu|sam|men
zu|sam|men|sto|ßen, er/sie stößt zusammen, stieß zusammen
zu|schau|en, er/sie schaut zu, schaute zu

der **Zu|schau|er**, die Zuschauer
die **Zu|schau|e|rin**, die Zuschauerinnen
die **Zu|tat**, die Zutaten
zu|ver|läs|sig
er **zwang** (→ zwingen)
der **Zwang**, die Zwänge
zwan|zig
zwei
der **Zwei|fel**, die Zweifel
zwei|feln, er/sie zweifelt, zweifelte
der **Zweig**, die Zweige
zwei|mal
der **Zwerg**, die Zwerge
der **Zwie|back**, die Zwiebäcke/Zwiebacke
die **Zwie|bel**, die Zwiebeln
der **Zwil|ling**, die Zwillinge
zwin|gen, er/sie zwingt, zwang
zwin|kern, er/sie zwinkert, zwinkerte
zwi|schen
zwi|schen|durch
zwölf
der **Zy|lin|der**, die Zylinder
Zy|pern

A
B
C
D
E
F
G
H
I
J
K
L
M
N
O
P
Q
R
S
T
U
V
W
X
Y
Z

Rund um das Wort

Buchstaben und Laute:
Die Buchstaben A/a, E/e, I/i, O/o und U/u sind **Vokale**.
Alle anderen Buchstaben des Alphabets sind **Konsonanten**.
Umlaute sind Ä/ä, Ö/ö und Ü/ü.
Zwielaute sind Au/au, Äu/äu, Ei/ei, Eu/eu und ai.

Wortbausteine und Silben:
Wörter einer Wortfamilie haben den gleichen **Wortstamm**:
einschlafen, der Tiefschlaf, der Schlafsack, ausgeschlafen

Es gibt Wörter mit einer oder mehreren **Silben**. In jeder Silbe
ist ein König (Vokal, Umlaut oder Zwielaut):
Buch   kau fen   Was ser ei mer

Wörter können aus **Wortbausteinen** zusammengesetzt
werden: verstehen, Vorfreude, freundlich, Geheimnis, …

Es gibt **Vorsilben**: Vorfahrt, vergessen, unglaublich, Absprung,
beschenken, entführen, …

Und es gibt **Nachsilben**. Wörter mit den Nachsilben ung, heit,
keit, nis und schaft sind Nomen: Achtung, Freiheit, Eitelkeit,
Geheimnis, Freundschaft, …
Wörter mit den Nachsilben ig, lich, bar, los, sam, isch und haft
sind Adjektive: lustig, freundlich, dankbar, sorglos, mühsam,
kindisch, fabelhaft, …

Wortarten:
Es gibt unbestimmte **Artikel**: ein, eine und bestimmte
Artikel: der, die, das.

Adjektive beschreiben genau.
In der Grundform haben sie keine Endung: groß, klein, schön
Wenn sie zwischen Artikel und Nomen stehen, bekommen
sie eine Endung an den Wortstamm:
die kleine Maus, ein großer Hund, ein schönes Kind
Mit Adjektiven kannst du vergleichen:
Aila ist so groß wie Mesut. (Grundstufe)
Tina ist größer als Mesut. (1. Vergleichsstufe)
Karl ist am größten. (2. Vergleichsstufe)

Mit **Bindewörtern** können Sätze verknüpft werden:
Die Kinder kommen **und** spielen. – Sina weint, **weil** sie traurig ist.

Nomen bezeichnen Menschen, Tiere, Pflanzen, Dinge, Gefühle
und Gedanken. Nomen haben einen Artikel und können in
der Einzahl oder in der Mehrzahl stehen. Nomen werden
großgeschrieben. ein Auto – die Autos, die Idee – die Ideen

Ein **Pronomen** kann ein Nomen ersetzen:
Der Junge spielt. **Er** gewinnt. – Tina freut sich. **Sie** lacht.

Verben können in der Grundform oder in einer Personalform
stehen. Die Endung richtet sich danach, wer etwas tut: reiten:
ich reite, du reitest, er reitet, wir reiten, ihr reitet, sie reiten
Verben können in verschiedenen Zeitformen stehen.
Gegenwart: ich male, ich renne
1. Vergangenheit: ich malte, ich rannte
2. Vergangenheit: ich habe gemalt, ich bin gerannt
Zukunft: ich werde malen, ich werde rennen

Passende Ausdrücke:
Eine Erzählung wird lebendiger und ein Sachtext wird genauer, wenn du passende Ausdrücke verwendest.

In einem **Wortfeld** kannst du Wörter mit ähnlicher Bedeutung sammeln.
gehen: laufen, stapfen, kriechen, wandern, bummeln, umherirren, …
machen: herstellen, tun, arbeiten, anfangen, erledigen, bauen, beenden, zubereiten, …
sagen: rufen, flüstern, meinen, berichten, schimpfen, murmeln, quasseln, prahlen, …
froh: glücklich, entzückt, freudestrahlend, selig, heiter, fröhlich, vergnügt, …
schrecklich: schlimm, böse, gruselig, gefährlich, erschreckend, gemein, übel, …

Verwende treffende und abwechslungsreiche **Satzanfänge, Zeit- und Ortsangaben**.
Satzanfänge: zuerst, dann, zum Schluss, schließlich, nun, jetzt, anschließend, …
Zeitangaben: gestern, heute, neulich, jetzt, morgen, abends, immer, nie, manchmal, …
Ortsangaben: hier, dort, dahinten, davor, über, links, rechts, darunter, …

Du kannst manche Dinge mit **Sammelnamen** zusammenfassen: Kleidung, Obst, Sportarten, …